Peter Heine

# Terror in Allahs Namen

W0052012

Peter Heine

# Terror in Allahs Namen

Hintergründe der globalen
islamistischen Gewalt

FREIBURG · BASEL · WIEN

© Verlag Herder GmbH, Freiburg im Breisgau 2015
Alle Rechte vorbehalten
www.herder.de
Satz: Barbara Herrmann, Freiburg
Druck und Bindung: CPI books GmbH, Leck
Umschlaggestaltung: Gestaltungssaal, München
Umschlagfoto: © dpa, Picture Alliance
Printed in Germany
ISBN: 978-3-451-34269-1

# Inhalt

# Vorwort

Der Anschlag auf die Twin-Towers in New York 2001 war nicht der Anfang und der Überfall auf die französische Satirezeitschrift »Charlie Hebdo« und einen jüdischen Supermarkt in Paris am 7. Januar 2015 war sicher nicht das Ende von Terroranschlägen islamistischer Gewalttäter. Die Geschichte von Gewaltaktionen, die darauf angelegt sind, Furcht und Unsicherheit zu verbreiten, ist lang. Aber Historiker des 21. Jahrhunderts werden möglicherweise den 11. September 2001 als Datum bezeichnen, welches das Ende der Moderne markiert. Der ›internationale Terrorismus‹ ist seither zu einem ständigen Thema der Politik, der Wirtschaft, der Sicherheitsapparate, ja auch der verschiedenen Formen der bildenden Kunst, der Musik, der Literatur, der Wissenschaften und der Medien geworden. Es gab Debatten über die mehr als 150 verschiedenen Terrorismus-Definitionen, die im Grunde aber folgendermaßen reduziert werden können: Terrorismus wird im Allgemeinen beschrieben als ungerechtfertigte, Schrecken verbreitende Gewaltanwendung, vor allem gegenüber unschuldigen Unbeteiligten aus politischen Gründen, verübt durch Einzelpersonen, Gruppen oder Organisationen, die nicht direkt von Regierungen kontrolliert werden. Neben den politischen Gründen und der psychologischen Absicht einer Destabilisierung der Gegner haben terroristische Aktionen für die Akteure und Initiatoren auch den Zweck, Anhänger ihrer Vorstellungen zu binden und neue zu gewinnen. Daher stellt die mediale Wirkungsmächtigkeit der Terrorschläge eine wichtige Motivation für die Täter dar. Die Verbindung zwischen terroristischen Gewaltakten der jüngeren und jüngsten Vergangenheit und der Berufung auf den Islam durch die extremistischen Täter hat das Interesse der Analytiker verstärkt auf die Frage nach Hintergründen gelenkt: nicht nur nach dem Zusammenhang von Islam und Gewalt und dem spezifischen Verständnis von Dschihâd, sondern auch nach den Akteuren der aktuellen Gewalt, ihrer Geschichte, ihrem gesellschaftlichen und kulturellen Hintergrund, ihrer Motivation und Ziele, ihrer Organisationen und ihrer weltweiten Vernetzung. Politiker und Öffentlichkeit bleiben beunruhigt: Droht ein islamistischer Weltkrieg?, fragen manche. Dieses Buch will keinen Alarmismus schüren, sondern durch Informationen zur Differenzierung und Klärung der Hintergründe beitragen.

Gerade angesichts der spektakulären Kraft der Bilder des 11. September 2001 sind die späteren Attentate weniger prägend für die Weltöffentlichkeit geblieben. Diese Terroraktionen ereigneten sich in der Folge auf allen Kontinenten, vor allem aber in islamischen Ländern. Die Spur dieser Gewalt zieht sich über den gesamten Globus. Hier seien nur genannt: Marokko: Casablanca 2003, Marrakesch 2011; Indonesien: Bali 2002 und 2005; Pakistan u. a.: Lahore 2010, Peschawar 2014; aber auch in Europa z. B. Spanien: Madrid 2004; England: London 2005, 2010; Russland: Beslan 2004, Moskau 2002. Die Zahl der Attentate in Israel, in Syrien, im Irak, im Jemen, in Afghanistan, in Somalia, Uganda und in Kenia ist kaum noch überschaubar.

Wie kann man dem begegnen? Politikern und Sicherheits-
fachleuten in aller Welt ist rasch bewusst geworden, dass mit
polizeilichen und geheimdienstlichen Mitteln kaum Sicherheit vor terroristischen Aktivitäten erreicht werden kann.
Die zahlreichen Versuche ab 2002, grundsätzlicher anzuset-
zen, d. h. zu einem Dialog zwischen westlichen Politikern,
Wissenschaftlern und Publizisten einerseits und Vertretern
islamischer Institutionen und muslimischen Einzelpersonen
andererseits zu gelangen, können freilich auch nur geringe
Erfolge aufweisen. Dafür gibt es eine Reihe von Gründen.
Ein erster mag sein, dass auf allen Seiten zu hohe Erwartungen geweckt worden waren. Muslimische Multiplikatoren
für einige Wochen durch verschiedene westliche Haupt-
städte reisen zu lassen und mit mehr oder weniger zufällig
erreichbaren Gesprächspartnern zusammenzuführen, konnte keine langfristigen Wirkungen zeitigen. Die Versuche
muslimischer Organisationen wie der ›Islamischen Weltliga‹, staatlicher Institutionen wie der ›Arabischen Liga‹
oder der ›Islamischen Konferenz‹ oder von Einzelpersonen
waren ebenfalls nicht sehr erfolgreich. Auch die Dialog-
Pläne der christlichen Kirchen z. B. in Deutschland bleiben
häufig in den Anfängen stecken. Das eigentliche Problem
liegt dabei wohl in der Tatsache begründet, dass die Missverständnisse, das Misstrauen, ja die Feindschaft zwischen den
beiden Seiten nicht in wenigen Jahren abgebaut werden
kann. Diese Spannungen werden dann verstärkt, wenn es
immer wieder zu entsprechenden Konfrontationen kommt,
wie sie in den vergangenen Jahren zu beobachten waren.
    Ein weiteres Problem war darüber hinaus auch die
Tatsache, dass die Dialogformen mit den rasanten Entwick-

lungen im Bereich der modernen elektronischen Kommunikationstechniken nicht schritthalten konnten. Die muslimischen Partner des Dialogs sind es in viel stärkerem Maße gewohnt, ihre Positionen durch das Internet bekannt zu machen als die westliche oder die christliche Seite. Die verschiedenen westlichen Sicherheitsdienste haben sich zwar seit einigen Jahren bemüht, die sich lawinenartig vermehrenden Internet-Auftritte von größeren oder kleineren Aktivistengruppen zu beobachten und zu analysieren. Hier sind, vor allem was die Analyse angeht, deutliche Fortschritte gemacht worden, zumal durch den Einsatz muslimischer Mitarbeiter, die über die unabdingbaren sprachlichen Kompetenzen und das erforderliche kulturelle Verständnis verfügen. Einige Dienste wie die israelischen nutzen das Internet zur Darstellung der israelischen Positionen in den verschiedenen aktuellen Konflikten mit palästinensischen Gruppen. Es wäre aber auch den Versuch wert, wenn sich westliche Sicherheitsdienste an radikal-islamische Gruppen direkt wenden und ihre Vorstellungen kritisch angehen würden. Das gilt in noch höherem Maße für den Teil der jungen muslimischen ›internet-user‹, um die sich auch die islamistischen Organisationen bemühen. Solche Projekte sollten in Zusammenarbeit mit seriösen muslimischen Organisationen durchgeführt werden, die über die erforderliche theologische, islamisch-rechtliche und ethnische Kompetenz verfügen.

Die angesprochene Verschärfung der Situation hängt u. a. auch mit den politischen Erdbeben der Arabellion zusammen. Dabei muss festgehalten werden, dass weder die Groß-Organisationen der Muslim-Bruderschaft in Ägypten oder die Nahda-Bewegung in Tunesien, noch die radikaleren Gruppen sich anfangs an den Demonstrationen der Bevölkerung beteiligt haben, sondern die Entwicklung zunächst abgewartet haben. Sie sahen die Auseinandersetzungen als einen Kampf zwischen verschiedenen säkularen Gruppen an, den staatlichen Institutionen auf der einen und zivilgesellschaftlichen Gruppierungen, die die radikalen Vorstellungen der Islamisten nicht teilten, auf der anderen Seite. Dann aber versuchten die Muslim-Brüder oder die Nahda-Bewegung, an die Spitze der Bewegung zu treten und ihre religiösen, sozialen und ökonomischen Vorstellungen durchzusetzen, ohne auf die anderen Akteure Rücksicht zu nehmen. Dabei verloren sie angesichts der Kompromisse, die dennoch eingegangen werden mussten, um an der Macht zu bleiben, auch die Kontrolle über die jungen Radikalen, die sich schließlich den terroristischen Flügeln zuwandten.

Nach dem raschen Zusammenbruch der Taliban-Herrschaft durch die ISAF-Invasion in Afghanistan seit 2001 reduzierten sich die Operationsmöglichkeiten von al-Qaida aus strukturellen Gründen mehr und mehr. Die fehlenden Hierarchien der Organisation und deren Netzwerkcharakter ließen gegenüber den massiven Einsätzen der westlichen Militärmacht kaum noch Handlungsspielräume. In den neu formulierten Teilen des Buches soll dies ausführlich erläutert werden. Der Schwerpunkt der erweiterten Darstellung gilt aber den Gründen für den militärischen wie propagandistischen Erfolg der neuen Gruppierung, die zunächst unter dem Namen ›Islamischer Staat in Irak und Syrien‹ (ISIS) und dann nur noch unter ›Islamischer Staat‹ (IS) firmiert.

Erste Fassungen dieses Themas in Buchform entstanden unter dem gleichen Titel nach 2001 in mehreren Auflagen für die Taschenbuchreihe Herder/Spektrum. Unter dem Eindruck aktueller Entwicklungen wurden sie für diese Ausgabe erweitert und aktualisiert. Einige grundsätzliche Teile wurden in überarbeiteter Form in die vorliegende Ausgabe übernommen. Für Anregungen und kritische Begleitung bei der Überarbeitung und bei den Ergänzungen danke ich Herrn Dr. Rudolf Walter, Freiburg i. Br. und Herrn Thomas Krüppner M. A., Berlin herzlich. Auch diesmal hat meine Frau, Dr. Ina Heine, sich der Mühe unterzogen, den Text einer ebenso sorgfältigen wie kritischen Lektüre zu unterziehen. Sie hat zahlreiche missverständliche Formulierungen präzisiert und unklare Argumentationen verdeutlicht. Die Neuauflage wäre ohne sie nicht möglich gewesen.

Berlin, den 5. Februar 2015
Peter Heine

# Eine Religion unter Aggressionsverdacht – Dschihâd und Schahîd

Seit dem Erfolg der islamischen Revolution im Iran vor mehr als drei Jahrzehnten lässt der Islam die deutsche Öffentlichkeit nicht mehr zur Ruhe kommen. Irritationen, Fehldeutungen und Missverständnisse finden sich nicht nur in der Tagespresse oder in aktuellen Nachrichtensendungen, sondern auch in den Feuilletons renommierter Wochenzeitungen oder unter Intellektuellen. Zwei Themenfelder sind es, auf denen die Bildung von Vorurteilen gegenüber dem Islam besonders intensiv ist: Sexualität und Aggressivität. Polygynie und Harem, Schleier und Kopftuch stehen für das eine, ›Heiliger Krieg‹, die Verbreitung des Islams ›mit Feuer und Schwert‹, Selbstmordattentate für das andere. Dies alles – verbunden mit bestimmten Vorstellungen über die Grausamkeiten des islamischen Rechtsystems, der *Scharia*, und über die Rechtsgutachten, die sogenannten *Fatwas* – führt oft zu einem Gesamtbild, das Muslime unter den Generalverdacht der Radikalität und des Fundamentalismus stellt. Nun kann nicht in Abrede gestellt werden, dass das islamische Recht Formen der Polygynie kennt, dass es, ebenso wie es christliche, jüdische oder hinduistische Fundamentalisten, auch muslimische Fundamentalisten gibt und dass Selbstmordattentäter ein Phänomen sind, das gerade in islamischen Gesellschaften um sich greift. Um dies alles aber angemessen zu verstehen, ist ein Blick auf das rechtliche System des Islam, seine Organisation, seine Entwicklung und insbesondere auf die Konzepte von Dschihâd und Schahîd sinnvoll, die im Hintergrund der gegenwärtigen Diskussion immer wieder eine zentrale Rolle spielen.

## Grundlagen des islamischen Rechts

Manche Politiker wie die frühere britische Premierministerin Thatcher haben schon 2001 nach den Ereignissen von New York und Washington darüber Klage geführt, dass muslimische Autoritäten die Attentate nicht umgehend verurteilt hätten und dass nur einzelne religiöse Autoritäten bzw. nur einzelne Sprecher von muslimischen Gemeinschaften sich zu den Vorgängen geäußert hätten. Diese Stimmen haben sich gemehrt. Ursache für dieses vermeintlich bewusste Schweigen ist freilich nicht böser Wille oder mangelnde Sensibilität für westliche Befindlichkeiten, sondern die Tatsache, dass der Islam (jedenfalls in der Gestalt, der die Mehrheit der Gläubigen angehört) eine Religion mit einer wenig ausgeprägten hierarchischen Struktur ist. Niemand ist also durch seine hierarchische Funktion dazu legitimiert, repräsentativ für »den Islam« zu sprechen. Muslime sind zunächst einmal unmittelbar zu Gott: Sie benötigen keinen geistigen Führer, keinen Priester, Guru oder Schamanen. Das islamische Dogma ist so einfach, dass man, um den Glauben richtig zu praktizieren, im Grunde nicht einmal Religionsunterricht benötigt. Orthopraxie ist im Islam wichtiger als Orthodoxie. Auch die islamischen Rituale sind so wenig ausgeprägt, dass ihr Vollzug rasch zu erlernen ist. Und zu ihrem rechten Vollzug sind keine religiösen Funktionsträger vonnöten. Selbst Gebäude werden eigentlich nicht gebraucht, weil man seiner Gebetspflicht überall genügen kann, wenn man nur einen rituell reinen Boden schafft, auf dem man das Gebet vollzieht.

Das hier deutlich werdende hierarchische »Defizit« hat immer dann Vorteile, wenn Muslime in einer gesellschaftlichen Situation leben, in der sie mehr oder weniger isoliert sind. Sie können auch dann ihren Glauben praktizieren, ihn bekannt machen und für ihn werben. Natürlich haben sich im Laufe der Zeit Klassen von religiösen Funktionsträgern herausgebildet, die sich durch ein Studium eine bestimmte Kompetenz in religiösen oder rechtlichen Fragen angeeignet haben. Aus dieser Kompetenz leiten sie auch eine gewisse Autorität über ihre Glaubensbrüder ab. Mit der Autorität des Lehramtes etwa in der katholischen Kirche ist dies aber nicht vergleichbar.

Das Fehlen von Hierarchien hat freilich Auswirkungen. Zu ihnen gehört, dass im Grunde jeder Muslim den Anspruch erheben kann, für sich zu definieren, was Islam ist. Dieses Recht ist ihm nicht zu nehmen. Welche Positionen sich bei Diskussionen um den rechten Islam durchsetzen, ist abhängig von den historischen Umständen, unter denen die Debatten stattfinden, von der theologischen, politischen oder wissenschaftlichen Kompetenz der an der Auseinandersetzung beteiligten Persönlichkeiten und nicht zuletzt von dem politischen Einfluss, der auf die Debattierenden ausgeübt wird. Daher finden wir auch innerhalb weniger Jahre Äußerungen von Gelehrten (arabisch ʿâlim, Pl. ulamâʿ) eines Landes oder sogar einer und derselben theologischen Hochschule, die sich diametral widersprechen. So haben Gelehrte der Azhar-Hochschule in Kairo zu Zeiten, in denen der arabische Sozialismus die herrschende Ideologie im Lande war, den Islam als eine Urform des Sozialismus zu interpretieren versucht und bei anderer Gelegenheit die Bedeutung des Privateigentums und des freien Handels hervorhoben. Die Vielzahl der unverbindlichen Äußerungen zu wichtigen Fragen ist nicht nur für Außenstehende, sondern manchmal auch für viele Muslime irritierend. Letztere sind aber so sehr an diese Situation – und auch an die positiven Seiten dieser Meinungsvielfalt – gewöhnt, dass sie häufig mit einer gewissen achselzuckenden Resignation die gedanklichen Schwankungen und Verrenkungen der ʿUlamāʾ zur Kenntnis nehmen. Viele – nicht immer zureichend informierte – westliche Beobachter sehen die mangelnde Eindeutigkeit dagegen als ein grundsätzliches Defizit des Islams, dem es nicht zu gelingen scheint, zu wichtigen Fragen, z. B. auch zu Ereignissen wie den Attentaten von New York und Washington, eine eindeutige Position geschlossen zu beziehen. Die Rolle der islamischen Gelehrten in ihrer Gesamtheit, ist zumindest im sunnitischen Mehrheitsislam daher nicht eindeutig festgelegt zu bezeichnen. Der einzelne gläubige Muslim muss sich bei allen seinen täglichen Handlungen darüber klar sein, wie sie vor Gott als dem Richter zu werten ist. Man könnte von einer moralischen Elle sprechen, die an alle seine Taten angelegt werden muss. Es gibt Handlungen, die für den Gläubigen verpflichtend sind, wie das Gebet oder das Fasten im Monat Ramadan, andere sind gut, wie z. B. freundliches Verhalten gegenüber Fremden und Reisenden, wieder andere sind ethisch neutral, wie z. B. sportliche Betätigung. Daneben gibt es natürlich auch

18

noch Handlungen, die verabscheuungswürdig sind, z. B. der Umgang mit unreinen Dingen. Und schließlich gibt es Dinge, die dem Muslim absolut verboten sind, wie das ungerechtfertigte Töten von Menschen. Andere Zuordnungen sind allerdings nicht statisch. So wurde im Mittelalter der Konsum von Wein als verabscheuungswürdig angesehen, war aber nicht verboten. Heutige Muslime sehen in ihm dagegen einen schweren Verstoß gegen Gottes Gebote.

Ein durchschnittlicher Muslim ist nicht in der Lage, alle Neuerungen, denen er im Verlauf seines Lebens begegnet, mit dieser ethischen Elle zu messen. Um eine gewisse Sicherheit zu haben, dass etwa das Surfen im Internet, der Gebrauch einer Digitalkamera, Organtransplantationen, künstliche Befruchtung, das Hören von Musik oder eine Urlaubsreise in ein nicht-islamisches Land (die Beispiele ließen sich vermehren) nicht zu den Dingen gehört, die Gott verboten hat, kann er sich an einen Rechtsgelehrten wenden, der ihm zu seiner Frage ein Rechtsgutachten (*fatwa*) erstellt. Grundlagen seiner gutachterlichen Äußerungen sind der Koran (als das unerschaffene Wort Gottes in arabischer Sprache) und die Worte, Taten und Unterlassungen des Propheten (*hadîth*). Weitere Quellen der Rechtsschöpfung bei einem derartigen Gutachtensvorgang sind der Analogieschluss (*qiyâs*), der Konsens der Gelehrten (*idschmâ'*), das Prinzip der Notwendigkeit einer Handlung (*dururiyya*) und das Für-gut-Halten (*istihsân*). Während das Maß an Interpretationsfreiheit bei Aussagen des Korans und der Prophetenüberlieferungen begrenzt ist, haben die Rechtsgelehrten bei den anderen Prinzipien einen beträchtlichen Ermessensspielraum. Solch eine *Fatwa* ist für einen sunnitischen Muslim nicht verbindlich. Falls er mit der Antwort des Gutachters nicht einverstanden ist, kann er sich einem anderen 'Âlim zuwenden in der Hoffnung, von diesem eine günstigere Antwort zu erhalten. Um nicht falsch verstanden zu werden: Menschen, die sich so ernsthafte Gedanken um ihr Seelenheil machen, dass sie Gelehrte, denen sie eine mehr oder weniger große Autorität zugestehen, fragen und für die Antworten auch noch Kosten tragen, werden kaum so lange zu wechselnden Fachleuten gehen, bis sie die ihnen genehme Antwort auf ihre Frage erhalten haben. Dennoch bleibt die Feststellung bestehen, dass eine *Fatwa* im sunnitischen Islam keine Verbindlichkeit für den Einzelnen noch für die Gemeinschaft der Muslime haben kann. (Die schiitische *Fatwa* gegen Salman Rushdie dagegen hatte diese Verbindlichkeit, daher wird unten auf die Schiiten noch gesondert einzugehen sein.)

Die Gesamtheit der Methoden islamischer Rechtsfindung und die aus diesen resultierenden Ergebnisse sollen hier als ›islamisches Recht‹ bezeichnet werden. In diesem Zusammenhang ist dann auch häufig von *Scharia* oder gar von der ›heiligen *Scharia*‹ die Rede. Die von der Mehrzahl der radikaleren Muslime (und nicht nur von diesen) geforderte Wiedereinführung der *Scharia* in das Rechtssystem islamischer Staaten bedeutet daher nicht nur die Praktizierung bestimmter Strafen und anderer rechtlicher Regelungen, sondern die Anwendung der beschriebenen Rechtsprinzipien. Da ein gewisses Maß an Verbindlichkeit von rechtlichen Positionen oder gar Normen in traditionellen wie in modernen Gesellschaften unabdingbar für deren Funktionieren ist, entstanden in einem komplizierten Prozess offizielle Rechtsinstitutionen (*dâr al-iftâ* – Haus der gutachterlichen Äußerungen), in denen die Übereinstimmung von politischen Entscheidungen mit den Prinzipien und Traditionen der *Scharia* bestätigt werden musste. Im Zusammenhang mit der Modernisierung islamischer Staaten wurden diesen Institutionen moderne, westlich beeinflusste Rechtsinstitutionen zur Seite gestellt. Nach und nach wurden die islamischen Rechtseinrichtungen in vielen islamischen Ländern sogar völlig abgeschafft. Daraus ergab sich in diesen Gesellschaften aber in der Regel eine unübersichtliche Gemengelage, in der sich islamisches Recht, westliches Recht und zusätzlich auch noch traditionelles Gewohnheitsrecht vermengten, was zu einer großen Rechtsunsicherheit führte. Die Forderung traditionell gesinnter und radikaler Muslime nach der erneuten Praktizierung der *Scharia* ist daher zumindest im Blick auf die erwünschte Rechtssicherheit nachvollziehbar. Allerdings muss sie als unrealistisch angesehen werden: Selbst in Staaten, die sich etwas darauf zugute halten, dass bei ihnen das islamische Recht praktiziert wird, hat sich neben der *Scharia* noch ein weiteres Rechtssystem etabliert, das dann z. B. in Saudi-Arabien als ›königlicher Befehl‹ oder im Sudan als ›Befehl des revolutionären Kommandorates‹ bezeichnet wird. Wie anders als durch derartige Konstruktionen sollte man in einer globalisierten Welt mit den Rechtssystemen außerhalb der islamischen Staatengemeinschaft kommunizieren? Die Alternative zur Etablierung dieser parallelen Rechtssysteme neben dem islamischen Recht wäre ein Autismus nach Art der afghanischen Taliban, der nicht im objektiven Interesse der muslimischen Welt liegt.

Seit den 70er Jahren begründen muslimische Terroristen ihre Aktionen gegen staatliche Einrichtungen oder gegen Einzelpersonen mit dem Argument, sie befänden sich im Dschihâd. Die Aufrufe von Usama bin Laden zu Angriffen auf amerikanische Einrichtungen werden als Dschihâd-Aufrufe formuliert und von seinen Anhängern auch so verstanden. Moderne muslimische Politiker – wie der irakische Präsident Saddam Hussein im Golfkrieg von 1990/91 gegen die Alliierten – haben den Begriff immer wieder gebraucht. Was ist damit gemeint?

Auch der Dschihâd, der in der deutschen Öffentlichkeit gemeinhin als ›heiliger Krieg‹ bezeichnet wird, ist zunächst im Kontext des islamischen Rechts zu sehen. Von seiner wörtlichen Bedeutung her könnte man dieses arabische Wort etwa mit ›Anstrengung aller Kräfte‹ wiedergeben. In vielen Fällen wird das Wort Dschihâd noch durch die Formel ›fi sabîl allah‹ (auf dem Wege Gottes) ergänzt. Entstanden ist der Begriff im Zusammenhang mit den kriegerischen Auseinandersetzungen, die der Prophet Muhammad mit den Einwohnern seiner Vaterstadt Mekka nach seiner Übersiedlung nach Medina im Jahre 622 begonnen hatte. Der Dschihâd gegen Nichtmuslime ist die einzige im Islam erlaubte Form der Kriegführung: Jeder bewaffnete Konflikt zwischen Muslimen ist verboten. Natürlich gab es auch zwischen den seit dem Mittelalter entstandenen islamischen Staaten immer wieder kriegerische Auseinandersetzungen. Diese wurden in der Vergangenheit jedoch nie als Dschihâd bezeichnet, ja nicht einmal der Kampf gegen islamische

Häretiker wurde von den sunnitischen Rechtsgelehrten als Dschihâd angesehen.

Im Koran ist an zahlreichen Stellen vom Dschihâd die Rede. So heißt es in Sure IX, 5: »Wenn die heiligen Monate abgelaufen sind, dann tötet die Polytheisten, wo immer ihr sie findet, greift sie, belagert sie und lauert ihnen auf jedem Weg auf. Wenn sie umkehren, das Gebet verrichten und die Abgaben entrichten, dann lasst sie ihres Weges ziehen.« Und in Sure IX, 111 wird festgestellt: »Gott hat von den Gläubigen ihre eigene Person und ihr Vermögen dafür gekauft, dass ihnen das Paradies gehört, insofern sie auf dem Wege Gottes kämpfen und so töten oder getötet werden. Das ist ein ihm obliegendes Versprechen.« (Übersetzung A. Khoury)

Nach allgemeiner Auffassung der islamischen Juristen bis weit in die Neuzeit hinein ist das Ziel des Dschihâd zunächst die Verteidigung der Muslime gegen Angriffe von außen und die Ausbreitung des Islams durch Waffengewalt. In den erwähnten Auseinandersetzungen mit den Einwohnern von Mekka war das Ziel dabei durchaus auch eine zwangsweise Bekehrung zum Islam. Wer sich dem verweigerte, wurde getötet oder versklavt. »*Aslim, taslam*« (Wenn du dich zum Islam bekehrst, bist du gerettet) war die entsprechende Formel. Doch schon hier beginnen die Geister sich zu scheiden. Muslimische Gelehrte sind mehrheitlich der Ansicht, dass mit der Ausbreitung des Islams vor allem die Verbreitung des Islams als politisches System und als Rechtssystem gemeint war, nicht etwa die Verbreitung einer religiösen Überzeugung. Nach dem ebenfalls im Koran zu findenden Satz »Es gibt keinen Zwang in der

Religion« verzichtete man auf Zwangsbekehrungen. Man kann diese Einstellung des frühen Islams als sehr realitätsbezogen einschätzen: Auch wenn es den muslimischen Heeren in den ersten hundert Jahren der islamischen Geschichte gelang, weite Teile der bekannten Welt unter ihre Kontrolle zu bringen, so wären sie doch nicht in der Lage gewesen, in diesen weiten Landstrichen, in denen sie eine fast verschwindende demografische Minderheit bildeten, eine dauerhafte militärische, vor allem aber politische Kontrolle zu errichten, wenn sie sich in einer permanenten Auseinandersetzung mit der einheimischen Mehrheitsbevölkerung befunden hätten. Ausdrücklich legt der Koran darüber hinaus fest, das die Angehörigen der sogenannten ›Buchreligionen‹ zur Abgabe einer besonderen Steuer verpflichtet werden, aber im Übrigen Religions- und Ritualfreiheit genießen sowie ihr eigenes Recht behalten sollen. Neben den Juden und Christen wurden auch die ›Majus‹ (›Magier‹, Angehörige der zarathustrischen oder zoroastrischen Religion) als Gläubige einer Offenbarungsreligion angesehen. Über Jahrhunderte blieben Muslime daher in der zahlenmäßigen Minderheit, obwohl sie die entsprechenden Länder kontrollierten.

Zunächst war der Dschihâd als religiöse Pflicht aller Muslime verstanden worden. (Hier scheinen die Anweisungen des Korans allerdings widersprüchlich zu sein.) An einer Stelle wird er mit dem Gottesdienst der christlichen Mönche verglichen: »Dschihâd ist das Mönchtum des Islams«, heißt es im Koran. Er wird als eines der ›Tore zum Paradies‹ angesehen. Diejenigen Muslime, die im Dschihâd ihr Leben lassen, sind Märtyrer des Glaubens, Blutzeugen. Es können aber auch Nicht-Muslime, die unter islamischer Herrschaft leben, zum Dschihâd aufgerufen werden.

Seit der Etablierung der ersten islamischen Dynastien im 6. Jahrhundert wurde der Dschihâd dann die besondere Verpflichtung der islamischen Herrscher, der Kalifen. In der weiteren Entwicklung setzte sich die dahinterstehende Tendenz fort: Der Dschihâd wurde als kollektive Pflicht der islamischen Gemeinschaft angesehen und dem Einzelnen nur noch insofern auferlegt, als er seinen Beitrag dazu leisten musste, dass der Kampf durchgeführt werden konnte. Selbst in den Krieg zu ziehen, war nicht mehr Pflicht.

Im Übrigen betonten die islamischen Rechtsgelehrten immer wieder, dass die Ausbreitung des Islams nicht notwendigerweise durch militärische Mittel erfolgen soll. Auch die Bekanntmachung seiner Regeln und Glaubensinhalte durch friedliche Mittel wie Predigt und geduldige Überzeugungsarbeit wurde als Dschihâd verstanden. Bei einigen Theoretikern des Dschihâd findet man in diesem Zusammenhang die Formulierung vom ›Krieg der Worte‹. Die Pflicht zum Dschihâd konnte erfüllt werden durch das Herz, die Zunge und die Hände, aber auch durch das Schwert. Der Gläubige erfüllte die Glaubenspflicht des Dschihâd durch das Herz, indem er sich bemühte, den Teufel zu bekämpfen und sich gegen dessen Verführung zum Bösen zur Wehr zu setzen, die des Dschihâd durch die Zunge und Hände dadurch, dass er das Gute beförderte und das Böse zu verhindern suchte, und schließlich die des Dschihâd durch das Schwert im militärischen Kampf unter Aufopferung von eigenem Besitz und auch des eigenen Lebens. Die Gelehrten sahen ihn als eine Form religiöser

Propaganda, die spirituelle ebenso wie materielle Mittel anwenden konnte.

Die Regionalisierung der Verpflichtung zum aktiven Dschihâd war insofern eine folgerichtige Entwicklung, als die islamische Welt im Lauf der ersten drei Jahrhunderte eine Ausdehung erreicht hatte, die weder unter den damaligen Kommunikationsbedingungen noch unter den im Inneren gegebenen Verhältnissen, die durch widerstreitende politische, wirtschaftliche und gesellschaftliche Kräfte gekennzeichnet waren, ein notwendiges Maß an Einheitlichkeit zu erreichen in der Lage gewesen wären, um Dschihâd-Aktionen wie z. B. in Spanien gegen Kastilien, in Westafrika gegen die Königreiche der Ashanti, in Kleinasien gegen das Reich von Byzanz, in Zentralasien gegen chinesische Herrscher oder auf dem indischen Subkontinent gegen Hindufürsten zu koordinieren, von den komplizierten Verhältnissen in der indonesischen Inselwelt einmal ganz abgesehen. Das islamische Recht formulierte damals in etwa folgende Lösung: Falls eine genügend große Gruppe von Muslimen sich zusammenfindet, um den Notwendigkeiten eines speziellen (lokalen oder regionalen) Konflikts zu begegnen, besteht für die übrigen Muslime der Welt keine Verpflichtung mehr, sich an dieser Auseinandersetzung zu beteiligen. Die individuelle Pflicht zum Dschihâd obliegt vielmehr denen, so legten die Rechtsgelehrten fest, die sich einem Feind am nächsten gegenübersehen.

Auf die aktuelle Situation bezogen, waren also die bosnischen Muslime in den vergangenen zehn Jahren verpflichtet, sich in einem Dschihâd gegen Serben und Kroaten zu wehren. Je größer die Zahl der unabhängigen islamischen Emirate, Sultanate oder Fürstentümer wurde, um so schwieriger war die Frage zu beantworten, wer das Recht hatte festzustellen, dass die Notwendigkeit zum Dschihâd bestehe. Die Mehrheit der 'Ulamâ' sah dieses Recht bzw. diese Pflicht bei dem jeweiligen Herrscher. Daraus schlossen sie, dass der Dschihâd für den Herrscher, im Gegensatz zu den Untertanen, eine individuelle Pflicht wie das Gebet oder das Almosengeben sei. Die Ausrufung des Dschihâd, der Eroberungen zum Ziel hatte, durch den Herrscher war aber an eine Reihe von Voraussetzungen geknüpft, die ebenfalls ein hohes Maß an Realitätssinn zeigen. Zu ihnen gehörte, dass militärische und strategische Bedingungen vorhanden sein mussten, die ein deutliches Indiz für einen erfolgreichen Ausgang der Auseinandersetzungen darstellten. War der Feind bereit, eine entsprechende Summe zu bezahlen, konnte vom Dschihâd abgesehen werden. Auch aus dieser Regel wird deutlich, dass es im Dschihâd des Mittelalters nicht in erster Linie um die »Ausbreitung des Islams« als Glaube, sondern um die Ausbreitung der Herrschaft der Muslime, also um politische, wirtschaftliche und gesellschaftliche Ziele ging, die mit religiösen Fragen im Grunde nur wenig zu tun hatten. Falls eines der Ziele des Dschihâd die Verbreitung des Islams sein sollte, war die Voraussetzung, dass die Gegner zunächst eingeladen worden waren, den Islam anzunehmen. Nach der mündlichen oder schriftlichen Aufforderung, den Islam als Glauben anzunehmen bzw. sich der muslimischen Herrschaft zu unterwerfen, forderte das islamische Recht eine gewisse Frist, in der sich die Gegner beraten, eine Antwort formulieren und sich schließlich ergeben konnten. Diese Frist ermöglichte es beiden Seiten auch, in Friedensverhandlungen einzutreten. Da sich relativ schnell herausgestellt hatte, dass diese Aufforderung zur Annahme des Islams praktisch schon einer ersten militärischen Aktion gleichkam und die entsprechenden Vorbereitungen der Gegner veranlasste, gingen spätere Theoretiker des Dschihâd davon aus, dass der Islam, seine Ziele und Aufgaben in der Welt so bekannt seien, dass man sie nicht mehr durch eine entsprechende Einladung bekannt zu machen brauchte.

Die Verpflichtung zum Dschihâd ist stets mit einer gewissen eschatologischen Tendenz verbunden. Erst dann ist der Muslim nicht mehr an diese Pflicht gebunden, wenn alle Menschen sich zum Islam bekennen oder die vorgeschriebenen Unterwerfungsgesten und -praktiken vollzogen haben. Erst dann kann auch das Ende der Welt eintreten. In Pamphleten und Flugschriften, die man heute in Ägypten oder Pakistan an Tankstellen oder bei fliegenden Buchhändlern kaufen kann, ist im Zusammenhang mit dem Dschihâd vielfach von apokalyptischen Vorstellungen die Rede. Die gegenwärtige Situation der Muslime wird darin so gesehen, als ob das Ende der Welt unmittelbar bevorstünde. Messianische Wehen werden allenthalben gespürt. Wie weit solche Texte und das davon geprägte Denken auf die Attentäter vom 11. September 2001 Einfluss gehabt haben, ist nicht bekannt. Auch konservative Muslime weisen jedoch darauf hin, dass die Bestimmung des Jüngsten Tages allein in der Hand Gottes liegt und dass der Mensch, durch welche Handlungen auch immer, das Heraufziehen des Endes der Welt nicht beschleunigen oder bestimmen kann.

Muslime teilten die Welt in die ›*dâr al-islâm*‹ (Gebiet des Islams) und die ›*dâr al-harb*‹ (Gebiet des Krieges) ein. Unter dem ›Gebiet des Islams‹ versteht man die Regionen der Welt, in denen sich die Menschen zum Islam bekennen bzw. in denen die Muslime herrschen. Allerdings muss dies nicht die Mehrheit der jeweiligen Bevölkerung sein. Historisch war z. B. Ägypten bis ins 16. Jahrhundert hinein ein Land, in dem die Muslime eine Minderheit darstellten. Heute gehören Staaten wie Surinam oder Moçambique der ›Konferenz islamischer Staaten‹ (einer Organisation islamischer Länder) an, von denen man nicht in allen Fällen sagen kann, dass sie über eine muslimische Mehrheitsbevölkerung verfügen. Die zweite und entscheidende Bedingung für die Zugehörigkeit zum ›Gebiet des Islams‹ ist, dass das islamische Recht zur Anwendung kommt. Aus diesem Grund wurde Indien 1970 nicht Mitglied der ›Konferenz islamischer Staaten‹, obwohl dort mit über 200 Millionen Muslimen eine größere Anzahl von Gläubigen lebt als in jedem anderen Staat, der Mitglied der ›Konferenz‹ war. Das Kriterium der Anwendung des islamischen Rechts wurde dahingehend konkretisiert, dass in der ›*dâr al-islâm*‹ nur Muslime die Herrschaft ausüben könnten und nur muslimische Richter über Muslime zu Gericht sitzen dürften. Allerdings finden sich hier auch abweichende Gelehrtenmeinungen. Gehörte ein Territorium einmal zur ›*dâr al-islâm*‹, war dieser Zustand nicht mehr rückgängig zu machen, auch wenn sich das Kriegsglück einmal gegen die Muslime wandte und sie das entsprechende Gebiet verloren. Danach gehören also Teile des Balkans oder der iberischen Halbinsel immer noch zum ›Gebiet des Islams‹.

Diese Vorstellung ist bei manchen Muslimen auch heute durchaus vorhanden.

Als ›Gebiet des Krieges‹ wurde dagegen der Teil der Welt angesehen, in dem Muslime ihren Glauben nicht bezeugen und ihre Rituale nicht praktizieren können. Besonders viele Gedanken machten sich die muslimischen Rechtsgelehrten über die Frage, wie die Beziehungen zwischen diesen beiden Gebieten geregelt sein sollten. Schon die Formulierung ›Gebiet des Krieges‹ macht deutlich, dass die muslimische Haltung gegenüber der nicht-islamischen Welt aus der Sicht der Religionsgelehrten von besonderer Qualität war. Zwischen beiden Gebieten bestand aus ihrer Sicht ein permanenter Kriegszustand, da ja ein wahrer Frieden nur zwischen Muslimen bestehen kann. Dass daher umgekehrt zwischen Muslimen im Grunde auch kein Kriegszustand herrschen darf, war die logische, wenn auch unrealistische Folgerung aus diesen Vorstellungen. Aber auch die frühen ʿUlamâʾ waren sich natürlich der Tatsache bewusst, dass auf die Dauer kein Gemeinwesen ununterbrochene militärische Auseinandersetzungen ertragen kann.

Man führte also im Verhältnis zur ›dâr al-harb‹ die rechtliche Kategorie des Waffenstillstands (sulh) ein. Besonders in Zeiten der politischen, wirtschaftlichen oder militärischen Schwäche sollten Muslime mit ihren Feinden Waffenstillstand schließen. Diese Unterbrechungen des Dschihâd sollten von den Muslimen dazu genutzt werden, wieder Kraft zu schöpfen und sich auf den erneuten Kampf vorzubereiten. Zumindest in der Theorie sollten solche Kampfpausen aber nicht länger als zehn Jahre andauern. Die vielfältigen und umfänglichen Überlegungen der Rechtsgelehrten – über kaum ein juristisches Thema wurde so ausführlich debattiert wie über dieses – mündeten in etwas, das man als islamisches Völkerrecht beschreiben könnte. In diesem Kontext entstanden Überlegungen, wie man mit Diplomaten verfahren solle oder mit fremden Kaufleuten, an deren Kommen man aus wirtschaftlichen Gründen sehr interessiert war – oder auch die Frage, ob es Muslimen erlaubt sein könnte, in einen Teil des ›Gebietes des Krieges‹ aus politischen Notwendigkeiten oder wirtschaftlichen Beweggründen zu reisen. Solche Debatten werden auch heute von konservativen ʿUlamâʾ geführt. Trotz allen juristischen Scharfsinns blieb diese Frühform des islamischen internationalen Rechts noch ein recht schwerfälliges Instrument, da die Einteilung der Welt in zwei antagonistische Gebiete zumindest seit dem Beginn der Neuzeit nicht mehr den tatsächlichen Bedingungen realpolitischen Handelns entsprach. So führten die osmanischen Sultane gegen das Habsburgerreich Krieg, den sie als Dschihâd propagierten, hatten sich gleichzeitig aber mit dem König von Frankreich, dem ›allerchristlichsten Herrscher‹, verbündet und nutzten dessen Häfen als Flottenstützpunkte. Da alle Kriegshandlungen des Sultans von den osmanischen Rechtsgelehrten gebilligt werden mussten, sahen sie sich in einem ständigen Erklärungsnotstand, den sie vergeblich zu ignorieren versuchten. Die Aufrechterhaltung von Beziehungen zu christlichen Staaten und das Eingehen von Koalitionen mit ihnen gegen andere christliche Staaten oder gar gegen andere islamische Gemeinwesen wurde für diese ʿUlamâʾ zu einem schwierigen und nicht befriedigend gelösten Problem, dem

31

sie sich allerdings trotzdem nicht entziehen konnten. Erst vor rund 50 Jahren entwickelte das im Übrigen ja außerordentlich flexible islamische Recht eine weitere Kategorie für die Einteilung der Welt, die ›dâr al-ahd‹ (Gebiet des Übereinkommens). Dabei handelt es sich nach den Definitionen der 'Ulamâ' um ein Gebiet, in dem die Muslime ohne Behinderungen ihrem Glauben nachgehen können. Mit diesem Konzept ist auch das Problem der Arbeitsmigration, das ebenfalls in den Antagonismus zwischen ›Gebiet des Krieges‹ und ›Gebiet des Islams‹ hineinspielt, gelöst. Man kann dieses neue Konzept durchaus als eine Folge der Globalisierung interpretieren. Zumindest die Rechtsgelehrten, die mit dem ›Gebiet des Übereinkommens‹ in ihren Überlegungen operieren, haben die alten Antagonismen zwischen dem Westen und der islamischen Welt aufgegeben. Die Konsequenzen für die rechtliche Bewertung des Dschihâd müssen von ihnen noch weiter ausformuliert und dann von einer Mehrheit der Vertreter des islamischen Rechts und der Politik auch anerkannt werden. Einige neue Tendenzen wurden seit den ersten Jahren des 20. Jahrhunderts deutlich. So sahen türkische Religionsgelehrte den Westen, vor allem die in der Nato verbündeten Staaten, als ›Gebiet des Übereinkommens‹. Das ›Gebiet des Krieges‹ waren dagegen die Staaten mit kommunistischen Ideologien. Diesen gegenüber ging man in Saudi-Arabien teilweise sogar so weit, Handelsbeziehungen zu vermeiden. Mit dem Westen, der als christlich angesehen wurde, wollte man gemeinsam gegen den Atheismus zu Felde ziehen. Vor allem die Frage der Arbeitsmigration verlangte von den 'Ulamâ' klare Entscheidungen über das Verhältnis zu den westlichen

Industrienationen. Sie taten sich damit recht schwer. Noch 1994 erklärte ein hoher muslimischer Würdenträger in Saudi-Arabien, dass Muslime keine Urlaubsreisen in das westliche Ausland unternehmen sollten. Auch von Sprachkursen in den entsprechenden Ländern riet er dringend ab. Andere Gelehrte gestatteten den Aufenthalt von Muslimen im ›Gebiet des Übereinkommens‹ wenn sie dort ihren Lebensunterhalt verdienen könnten. Sie meinten aber auch, dass die Regierungen der islamischen Länder dafür sorgen sollten, dass Muslime nicht gezwungen wären, zu diesem Zweck die ›dâr al-islâm‹ zu verlassen.

Vor allem seit dem 19. Jahrhundert haben westliche Beobachter heftige Kritik am Konzept des Dschihâd geübt, vor allem an dessen aggressiveren Varianten. Muslimische Rechtsgelehrte haben auf diese in der Regel sehr defensiv geantwortet. Zunächst einmal begannen sie, zwischen einem ›großen‹ Dschihâd und einem ›kleinen‹ Dschihâd zu unterscheiden. Unter dem großen Dschihâd verstanden sie den täglichen persönlichen Kampf des einzelnen Muslims gegen seine inneren moralischen Schwächen. Diese Form von Dschihâd wurde nun allen Muslimen als Pflicht auferlegt. Die ›Anstrengung aller Kräfte auf dem Wege Gottes‹ wurde in den unterschiedlichsten Zusammenhängen propagiert. Wenn Schüler oder Studenten sich in ihren Studienbemühungen besonders anstrengten, um für sich, für ihre Familie oder auch für die Gemeinschaft der Muslime besonders gute Ergebnisse zu erzielen, war das Dschihâd. Wenn Arbeitnehmer sich am Arbeitsplatz besonders engagierten, konnte das als Dschihâd verstanden werden. Dschihâd wurde zu einem Propagandabegriff, der weit über den religiösen Kontext hinausging und eine durchaus tagespolitische Konnotation bekam. So erklärten muslimische Politiker den Kampf gegen die Unterentwicklung ihrer Länder zum Dschihâd. In diesem übertragenen Sinn wird der Begriff heute in der Regel auch von der Mehrheit der Muslime verstanden. (Natürlich kennt jeder Muslim aber auch die primäre traditionelle Bedeutung des Begriffs und kann sie im Fall eines feindlichen Angriffs auch aktivieren.)

Neben diesem ›großen‹ Dschihâd gibt es nach der aktuellen Mehrheitsmeinung der islamischen Juristen und Theologen auch noch den ›kleinen‹ Dschihâd. Dabei handelt es sich tatsächlich um eine Anstrengung aller Kräfte im militärischen Sinn. Dieser Dschihâd kann aber nur zur Verteidigung des Islams oder einer Gruppe von Muslimen, die selbst nicht in der Lage sind, sich zu wehren, ausgerufen werden. Wie später noch gezeigt wird, sind militante Muslime der Meinung, dass die islamische Welt wirtschaftlich, politisch und kulturell vom Westen angegriffen wird. Gegen diese Angriffe muss man sich nach ihrer Ansicht auch militärisch wehren.

Wie der Dschihâd geführt werden sollte, wenn er militärische Formen annahm, darüber haben sich muslimische Gelehrte aller Zeiten vielfältige Gedanken gemacht. Dies war notwendig, weil der Dschihâd die Qualität eines ›gerechten Krieges‹ haben musste. Sein Zweck konnte daher nicht ohne weiteres etwa die Zerschlagung und Vernichtung der Feinde, die Annektierung von Gebieten, die Kontrolle über wirtschaftliche und andere Ressourcen oder die Gewinnung von strategischen Vorteilen sein. Es ging ja vielmehr um die Verbreitung rechtlicher und im Endeffekt religiöser Vorstellungen, anders ausgedrückt: um die Bemühung, Menschen den Weg zu Gott zu ebnen, ihnen den Gehorsam gegenüber ihrem Schöpfer zu ermöglichen und so die göttliche Herrschaft auf Erden zu realisieren. Dies konnte nach Ansicht der muslimischen Gelehrten nur durch die Sicherung der Vorrangstellung der Gemeinschaft der Muslime unter den Völkern der Welt erreicht werden. Wenn man die Feinde vernichtete, konnte man sie nicht mehr mit den Vorzügen des Islams bekannt machen und sie von seiner Richtigkeit und Heilsamkeit überzeugen. Daher waren der eigentlichen Kriegführung Grenzen gesetzt. Das ›islamische Kriegsrecht‹ mag aus heutiger Sicht gewalttätig und brutal erscheinen. Man muss aber die Zeitumstände und die gesellschaftlichen und geistigen Bedingungen berücksichtigen, unter denen diese Regelungen entstanden sind. Die Regeln für Kriegshandlungen im abendländischen Mittelalter zeichnen sich aus heutiger Sicht ebenfalls durch Missachtung der menschlichen Würde aus, von der modernen westlichen Kriegführung und Waffentechnologie einmal ganz abgesehen. Auf die Mudschâhidîn, die Kämpfer im Glaubenskampf, bezogen, stellten die Rechtsgelehrten auch Selbstverständliches fest, z. B. dass diese nicht desertieren durften. Sie sollten den Dienst auch nicht quittieren, wenn sie persönliche Verpflichtungen wie das Einbringen der Ernte oder den Abschluss eines lukrativen Geschäfts hatten. Vor allem aber wenden sich die *'Ulamâ'* gegen jede Form der Resignation oder den Zweifel am letztendlich erfolgreichen Ausgang der militärischen Bemühungen, da die muslimischen Streiter ja für eine gute Sache kämpften. Dieses psychologische Moment spielt auch in der Gegenwart eine große Rolle. Die afghanischen Widerstandskämpfer gegen die Rote Armee waren von ihrem Sieg unbeirrbar überzeugt. Man kann auch davon ausgehen, dass muslimische Terroristen ebenfalls sicher sind, dass ihre Ideen am Ende den Sieg davontragen werden.

Im militärischen Dschihâd ist es Muslimen selbstverständlich gestattet, ihre Feinde zu töten. Die schon in vorislamischer Zeit gerühmte Ritterlichkeit im Kampf kommt aber auch hier zum Ausdruck, wenn das islamische Recht es verbietet, Feinde zu töten, deren man durch Verrat habhaft geworden ist. Im Übrigen weist der Koran ausdrücklich darauf hin, dass die muslimischen Krieger nicht ›maßlos im Töten‹ (Sure XVII, 33) sein sollen. Dies gilt auch und vor allem für Personen, die nicht an den Kampfhandlungen beteiligt sind. Die Kampfhandlungen dürfen sich vor allem nicht gegen Frauen und Kinder oder gegen Wehrlose wie Blinde, Lahme oder Geisteskranke richten. Auch Menschen, deren Friedfertigkeit vorausgesetzt wurde, mussten verschont werden. Zu ihnen zählte man auch christliche Mönche und Einsiedler. Falls Letztere in den Kampf allerdings eingriffen, verloren sie ihre Immunität. Einige Gelehrte waren sogar der Meinung, dass Bauern und Kaufleute, die sich nicht an den Kriegshandlungen beteiligten, unbehelligt bleiben sollten. Während des Kampfes sind die muslimischen Krieger nach den Vorschriften des islamischen Rechts gehalten, keine unnötigen Grausamkeiten zu begehen. Dazu gehört z. B. die Verstümmelung von getöteten

Feinden. Auch die unnötige Zerstörung oder Vernichtung von Besitz sollte unterbleiben. Mit der für das islamische Recht üblichen Präzision haben manche ʿUlamâʿ sogar festgelegt, dass auch das Vieh oder die Bienenkörbe der Feinde nicht vernichtet werden dürften. Die gefallenen Feinde sollten nach den Regeln ihrer Religion bestattet werden; das bedeutete z. B., dass Christen entgegen der islamischen Praxis in einem Sarg bestattet werden durften.

Auch für die Behandlung der Kriegsgefangenen kennt das islamische Recht ausführliche Regelungen. Grundsätzlich gibt es fünf verschiedene Möglichkeiten: 1. Die Gefangenen werden sofort hingerichtet. Dies darf aber nicht ohne einen besonderen Grund (z. B. die Schwächung der Feinde) geschehen. Es muss ihnen die Gelegenheit gegeben werden, sich durch die Bekehrung zum Islam vor der Hinrichtung zu retten. 2. Die Gefangenen werden gegen ein Lösegeld freigegeben. (Dieses konnte auch aus der Kriegsbeute oder einem Teil davon bestehen.) Obwohl sich einige bedeutende ʿUlamâʿ gegen eine solche Regelung wandten, war sie in der Praxis durchaus üblich. Die christlichen Organisationen, die sich für den Loskauf der Gefangenen einsetzten, haben bis zum Beginn des 19. Jahrhunderts existiert, weit über die Zeit der eigentlichen militärischen Auseinandersetzungen zwischen christlichen Staaten und den muslimischen Reichen hinaus. 3. Auch der Austausch von christlichen gegen muslimische Gefangene war durchaus üblich. Wie auf der christlichen Seite bemühte man sich um die Freilassung der Muslime mit besonderem Eifer. Man sprach geradezu von einer religiösen Verpflichtung. Verhandlungen über die Freilassung von Kriegsgefangenen waren ein selbstverständlicher Teil der

Waffenstillstandsverhandlungen. 4. Man konnte die gefangenen Feinde auch ohne Gegenleistung freigeben, wenn sie sich verpflichteten, niemals wieder gegen die Muslime Krieg zu führen. 5. Es war auch durchaus (im Übrigen seit der Antike auch rechtlich geregelte) Praxis, die Gefangenen zu versklaven und z. B. als Haussklaven einzusetzen.

## Schahîd: Märtyrer und Selbstmordattentäter

Auch die islamische Welt kennt die Vorstellung vom Blutzeugen, vom Märtyrer, der für seinen Glauben gestorben ist. Der aus dem Arabischen stammende Terminus ist *schahîd*, Pl. *schuhadâ*, in der wörtlichen Bedeutung ›Zeuge‹. Dass die Krieger im Dschihâd eine religiöse Pflicht erfüllen und damit dem Willen Gottes entsprechen, war und ist Konsens unter den islamischen Rechtsgelehrten. Die Glaubenszeugen, die auf dem Schlachtfeld gestorben sind, haben die Phantasie der Muslime immer besonders bewegt. Dieser Tod wird als der edelste überhaupt verstanden. Eindeutig ist aber, dass der Koran an mehreren Stellen denjenigen, die ›auf dem Wege Gottes‹ (arabisch: *fî sabîl allah*) sterben, reiche Belohnungen im Jenseits verheißt. So werden ihm für seinen Opfertod alle seine Sünden vergeben. Dies muss nicht zuletzt im Zusammenhang mit der Tatsache gesehen werden, dass in der Vorstellung vieler Muslime die Schrecken des Grabes eine besondere Rolle spielen. Nach islamischer Tradition wird der Verstorbene im Grab von den beiden Todesengeln Munkar und Nakir aufgesucht. Diese befragen ihn über seine Religion, den Propheten, an den er geglaubt hat und nach dem heiligen Buch, auf dessen Vorschriften er sein Leben aufgebaut hat. Das Erscheinen der beiden Engel ist mit einem solchen Schrecken verbunden, dass auch fromme, gottesfürchtige Muslime kaum in der Lage sein sollen, bei diesem Verhör die richtigen Antworten zu geben. Für mangelnde Pflichterfüllung oder Verstöße gegen die Gebote Gottes sollen die Verstorbenen nach der Tradition im Grabe bis zum Jüngsten Tag die entsetzlichsten Qualen erleiden. Dieses Schicksal müssen die Märtyrer nicht erleiden, da ihnen durch ihren Tod alle Sünden verziehen sind. Der Blutzeuge wird mit einer Krone der Glorie gekrönt und mit 72 Paradiesjungfrauen verheiratet. Darüber hinaus kann er sich bei Gott für 70 seiner Verwandten einsetzen. Wenn die Märtyrer die wunderbaren Dinge erblicken, die sie im Paradies erwarten, sollen sie nach der muslimischen Tradition wünschen, wieder auf die Erde zurückzukehren, um erneut für ihren Glauben zu sterben. Dies sei dann aber der einzige Wunsch, der ihnen nicht erfüllt werde. Andererseits gibt es auch die Vorstellung, dass die Märtyrer am Ende der Zeiten an der Seite des *Mahdi*, der islamischen Erlösergestalt (auf die noch ausführlicher einzugehen sein wird), gegen den *Dadschâl*, dessen großen Widersacher, kämpfen werden, so wie sie zu Lebzeiten im unmittelbaren oder übertragenen Sinne an der Seite des Propheten Muhammad für den Islam zu Felde gezogen sind.

Im Willen, sich für den Islam zu opfern, überwindet der Märtyrer nach der Ansicht der Gelehrten die natürliche Furcht des Menschen vor dem eigenen Tod. Unter den Hinterbliebenen ist oft auch kaum eine Spur von Trauer über den Verlust eines Verwandten festzustellen. Schon mittelalterliche islamische Quellen berichten darüber, dass die Mütter von Söhnen, die im Dschihâd gefallen waren, die Todesnachricht gefasst, ja dankbar entgegennahmen und alle Trauerkundgebungen verboten. Ähnliche Berichte stammen auch aus der jüngsten Vergangenheit. So ist ein ähnliches Verhalten der Eltern von iranischen Soldaten des iranisch-irakischen Krieges (1980–1988) bekannt. Dabei kommt es bei diesen Berichten weniger darauf an, ob diese die wahren Gefühle der Mütter wirklich wiedergeben. Denn der Märtyrertod übersteigt das persönliche Schicksal und das der eigenen Familie. In den Augen einer Vielzahl von Muslimen bedeutet dieser Tod eine Reinigung und Segnung für die gesamte muslimische Gemeinschaft. Nach den Berichten z. B. aus dem Iran oder aus Palästina wissen wir, dass die Familien dieser Märtyrer nicht nur von Nachbarn und Freunden, sondern auch von islamistischen Organisationen unterstützt werden.

Über die Existenz der Märtyrer nach dem Tod finden sich unter Muslimen zwei unterschiedliche Vorstellungen. Die Feststellung des Korans, dass die Märtyrer leben, wird einerseits wörtlich genommen; andererseits glauben Muslime, dass die Seelen der Märtyrer direkt ins Paradies gelangen und in der unmittelbaren Nähe des Thrones Gottes leben. Am Tag der Auferstehung werden diese Seelen dann wieder in die irdischen Körper der Märtyrer zurückkehren. Beim Jüngsten Gericht werden ihnen dann spezielle Wohnplätze zugewiesen. Diese sehr lebhaften und sinnenhaft-anschaulichen Vorstellungen haben stets die Phantasie von einfachen Muslimen und die Kritik von Nicht-Muslimen hervorgerufen.

Doch auch die islamischen Rechtsgelehrten haben sich ihre Gedanken im Zusammenhang mit dem Umgang mit den muslimischen Märtyrern gemacht. Dies gilt vor allem für die Bestattungsriten. So sind die *'Ulamâ'* in ihrer Mehrheit der Ansicht, dass bei Märtyrern im Unterschied zu gewöhnlichen muslimischen Verstorbenen keine Totenwaschungen vollzogen werden müssen. Denn das Martyrium wäscht nicht nur die Sünden, sondern auch die rituelle Unreinheit ab. Der Märtyrer muss auch nicht in Totentüchern bestattet werden, vielmehr kann er in seinen blutgetränkten Kleidern der Erde übergeben werden. Sie dienen gewissermaßen als Beweis für sein Martyrium. Dagegen sollen ihm seine Waffen nicht mit ins Grab gelegt werden, weil dies eine vorislamische, heidnische Sitte der alten Araber gewesen sein soll. Streit unter den *'Ulamâ'* herrscht in Bezug auf die Frage, ob man an den Gräbern der Märtyrer beten solle oder nicht; denn dies könnte ja als Misstrauen hinsichtlich der Versprechen Gottes gegenüber den Märtyrern verstanden werden. Für sie muss nicht mehr gebetet werden, da sie zu den Paradiesbewohnern gehören.

Im islamischen Recht wurde eine zweite Kategorie von Märtyrern entwickelt, die man als ›Märtyrer des Jenseits‹ bezeichnet im Unterschied zu den ›Märtyrern des Schlachtfeldes‹. Dabei wird letzteren ein höherer Rang zugesprochen. Wir haben es hier mit juristisch-kasuistischen Diskussionen zu tun, die aber – angesichts der Bedeutung des Martyriums für Muslime – dennoch von besonderer Bedeutung sind. Das Entstehen dieser und anderer Kategorien von Märtyrern muss wohl darauf zurückgeführt werden, dass die Hinterbliebenen von Menschen, die unter anderen Umständen gestorben waren, eine Versicherung suchten, dass diese die ›Schrecken des Grabes‹ nicht erlebten und bei Gott als Fürsprecher auftreten könnten. Dies hat zu einer geradezu inflationären Vermehrung von Märtyrern im Islam geführt. Hier einige Beispiele: Kann man aus Sicht der *'Ulamâ'* z. B. jemanden als Märtyrer ansehen, der in der Schlacht durch einen unglücklichen Zufall zu Tode kommt, der z. B. durch den Pfeil eines eigenen Mannes getroffen wird? Die Frage ist in der gegenwärtigen Situation von Bedeutung z. B. bei Personen, die bei der Vorbereitung eines Selbstmordattentats unabsichtlich sterben. Wie verhält es sich mit den Soldaten, die bei Auseinandersetzungen mit islamischen Häretikern fallen? Das juristische Problem dabei liegt in der Tatsache, dass ja auch Häretiker unter Umständen weiterhin als Muslime zu betrachten sind. Zwar gibt es eine Minderheit von Gelehrten, die der Meinung sind, dass Häretiker oder Rebellen vom Islam abgefallen sind, weil sie sich gegen den mit dem Willen Gottes regierenden Herrscher stellen. Unter den *'Ulamâ'* herrscht aber in der Regel eine beträchtliche Zurückhaltung, jemanden wirklich zu einem Apostaten zu erklären, den zu bekämpfen und zu töten als erlaubt angesehen wird. Muslime, die in Auseinandersetzungen mit solchen Häretikern fallen, werden von der Mehrheit der Gelehrten als Opfer von Ungerechtigkeit angesehen. Diese werden aber ebenfalls als ›Märtyrer des Schlachtfeldes‹ betrachtet.

Schließlich entsteht die Frage, ob Menschen, die sich oder ihre Angehörigen gegen Räuber oder Wegelagerer verteidigen und dabei sterben, als Märtyrer zu betrachten sind. In diesen Fällen gehen die 'Ulamâ' eher davon aus, dass es sich um ›Märtyrer des Jenseits‹ handelt. Mit dem Nachlassen der militärischen Expansion muslimischer Heere nahm die Zahl der ›Märtyrer des Schlachtfeldes‹ ab, die der ›Märtyrer des Jenseits‹ wuchs dagegen beträchtlich an. Auch hier unterscheiden die Rechtsgelehrten verschiedene Kategorien. An erster Stelle stehen diejenigen, die ermordet wurden, während sie Gott dienten. Ihnen folgen diejenigen, die um ihres Glaubens willen getötet wurden. Zu ihnen gehören nicht nur Gestalten der eigentlichen islamischen Geschichte, sondern auch solche, die der alt- oder neutestamentlichen Tradition angehören, wie z. B. Johannes der Täufer. Die islamische Frühgeschichte kennt aber ebenfalls eine Vielzahl von Personen, die aufgrund ihrer Zugehörigkeit zum Islam einen gewaltsamen Tod fanden. Auch Personen, die aufgrund einer bestimmten Glaubensvorstellung getötet wurden, werden als ›Märtyrer des Jenseits‹ angesehen. Eine weitere Gruppe, die zu diesen Märtyrern gezählt wird, sind diejenigen, die, wie in einem Text aufgezählt wird, an Seuchen, an Rippenfellentzündung, an Durchfällen oder Koliken sterben, die ertrinken, in einem Feuer sterben, von einem zusammenbrechenden Haus erschlagen werden oder Frauen, die im Kindbett sterben. Im Laufe der Entwicklung wurden die hier zusammengestellten Todesarten noch um weitere ergänzt. Die Aufnahme dieser Personen in den Märtyrerstatus wird mit der Schmerzhaftigkeit oder dem besonderen Schrecken dieser Todesarten begründet. Zur Gruppe der ›Märtyrer des Jenseits‹ gehören auch Personen, die aus unglücklicher Liebe sterben. Vor allem in der arabischen

Dichtung gibt es viele Männer und Frauen, die aus Liebeskummer gestorben sind, ohne dass es sich um Selbsttötungen handelte. Diese unglücklich Liebenden werden zu den Märtyrern gezählt, wenn sie lieben, das Geheimnis ihrer Liebe nicht bekannt machen und keusch bleiben. Schon der Prophet Muhammad war der Meinung, dass es sich bei diesen Personen unter den genannten Bedingungen um Märtyrer handelte. Schließlich werden zu den ›Märtyrern des Jenseits‹ diejenigen gezählt, die unter besonderen Umständen eines natürlichen Todes sterben. Zu solchen Umständen des Todes gehört, dass er während der Erfüllung einer Glaubenspflicht wie der Pilgerfahrt, dem Gebet oder beim Studium frommer Bücher eintritt. Auch Personen, die ein tugendsames Leben geführt haben, werden als Märtyrer betrachtet. Da schließlich die Verpflichtung des Muslims, unablässig gegen seine eigenen bösen Eigenschaften zu kämpfen, als der ›große Dschihâd‹ aufgefasst wurde, ist es nur folgerichtig, dass alle Menschen, die sich diesem Kampf durch ihr gesamtes Leben unterzogen hatten, als Märtyrer betrachtet werden, obwohl sie eines natürlichen Todes gestorben sind. Nicht bei jeder Verwendung dieses Begriffs ist also an gewaltsame Zusammenhänge zu denken.

Angesichts der zu erwartenden Belohnung den Tod auf dem Schlachtfeld zu suchen, war eine Haltung, die für die Gemeinschaft der Muslime in ihrer Gesamtheit nicht unproblematisch war. Wenn sich alle Muslime in einen Märtyrertod stürzten, der die muslimische Gemeinschaft insgesamt schwächte, konnte dies nach der Einschätzung einiger Rechtsgelehrter nicht im Sinne Gottes und seiner Gemeinde sein. Daher gab es Meinungen, die glaubten, dass es den Muslimen nicht erlaubt sei, für einen Märtyrertod zu beten. Erlaubt waren dagegen Gebete um Geduld im Ertragen von Wunden, die man in der Schlacht erhalten hatte. Geradezu sophistische Überlegungen wurden angestellt hinsichtlich der Tatsache, dass der Tod eines Muslims auf dem Schlachtfeld ja durch die Hand eines Ungläubigen oder zumindest eines Sünders veranlasst würde. Die Frage, inwieweit dies der Wunsch oder Wille Gottes sein könne, hat die 'Ulamâ' immer wieder in heftige Debatten verstrickt, ohne dass sie zu einem allgemein akzeptierten Ergebnis gekommen wären. Hinsichtlich der Bedeutung des Todes ist man sich aber auch unter den heutigen Gelehrten einig. Nach muslimischer Auffassung sind es nicht die Eltern, die einem Kind das Leben schenken, noch eine bestimmte Person oder ein Umstand, der den Menschen tötet. Vielmehr ist es Gott allein, der den Menschen ins Leben ruft und ihn auch wieder abberuft. Die Spanne, die der Mensch auf der Erde verbringt, ist eine Zeit, in der er geprüft wird, ob er Gottes Willen gehorsam ist oder gegen diesen rebelliert. Der Tod bedeutet auch nicht das Ende der menschlichen Existenz. Diese setzt sich in Ewigkeit fort, nach dem Jüngsten Gericht für die Seligen im Paradies und für die Verdammten in der Hölle.

Nach den Angriffen vom 11. September 2001 in New York und Washington wurde auch von Muslimen immer wieder die Frage nach der Haltung des islamischen Rechts zu Selbstmordattentaten gestellt. Wie angesichts der wenig ausgebildeten Hierarchie im sunnitischen Islam nicht anders zu erwarten, kam es nicht zu einheitlichen Äußerungen in dieser Frage. Die Position der Rechtsgelehrten ist unter anderem durch die Nähe zu der Führung der jeweiligen Staaten bestimmt.

Zunächst reagierten die meisten Gelehrten auf die Frage nach Selbstmordattentaten mit Formulierungen eindeutiger Ablehnung, weil sie das Moment der Selbsttötung im Vordergrund sahen, Selbstmorde im Islam aber unter allen Bedingungen abgelehnt werden. In diesem Zusammenhang mag die Tatsache eine Rolle gespielt haben, dass die ersten Selbstmordattentate im Nahen und Mittleren Osten nach dem Vorbild tamilischer Terroristen auf Sri Lanka von säkularen Tätern durchgeführt wurden. Sie gehörten vor allem politischen Gruppen wie der PFLP (Volksfront für die Befreiung Palästinas), der Syrisch-Nationalsozialistischen Partei und der Kommunistischen Partei an. Unter den Tätern und Täterinnen stammte eine größere Zahl aus christlichen Familien. Als Angehörige der schiitischen Hisbollah im Libanon 1982 erste Selbstmordattacken durchführten, kam von sunnitischen Gelehrten einhellige Ablehnung, während sich deren schiitische Kollegen in Schweigen hüllten.

Die Angriffe auf das World Trade Center und das Pentagon von 2001 und die Explosionen in Madrid vom Frühjahr 2004 wurden von der überwiegenden Mehrzahl der sunnitischen wie schiitischen Rechtsgelehrten mit klaren Worten abgelehnt. Da diese Attacken von den Gelehrten nicht als Form des Glaubenskampfes eingeschätzt werden, können die Täter auch nicht als Märtyrer angesehen werden. Infolgedessen greift hier wieder das islamische Verbot des Selbstmords.

Anders verhält es sich dagegen mit den Selbstmordattentaten in Israel und Palästina. Auch hier gab es eine Reihe von Gelehrten und muslimischen religiösen Autoritäten, die jeden Selbstmord, auch den im Zusammenhang mit dem Kampf gegen Israel ablehnten. Der zumindest in der sunnitischen Welt einflussreiche oberste Rechtsgelehrte von Saudi-Arabien, Scheich Abd al-Aziz Abdullah ibn al-Scheich erklärte im April 2001 Selbstmordattentate grundsätzlich für verboten. Seine als verbindlich formulierte Äußerung rief jedoch heftigen Widerspruch außerhalb des Königreichs hervor. Die Mehrzahl der Kritiker sah das Rechtsgutachten als zu wenig differenziert an. Die Möglichkeit der islamisch-rechtlichen Akzeptanz von Selbstmordattentaten sollte nach Ansicht der Gegner des saudischen Gelehrten zunächst anhand der politischen und gesellschaftlichen Umstände geprüft werden. Die meisten Gelehrten nahmen in der Folge eine ambivalente Haltung ein. Sie unterschieden zwischen Selbstmord und ›der Suche nach dem Martyrium‹ (*istischhâd*). Dabei lassen sich erstaunliche Parallelen zwischen Autoren feststellen, die ansonsten durchaus nicht einer Meinung sind. Der Rektor der al-Azhar-Universität in Kairo, Muhammad al-Tantawi, der mit seinen Äußerungen zwar nicht immer auf allgemeine Zustimmung stößt, aber dennoch eine maßgebende Autorität im sunnitischen Islam darstellt, lehnte die Terroranschläge von al-Qaida ab, hieß aber die Selbstmordattacken in Israel und Palästina gut. Der Widerstand gegen die israelische Besetzung ist seiner Meinung nach legitim. Angesichts der palästinensischen Unterlegenheit seien auch Selbstmordangriffe ein rechtmäßiges Mittel des Kampfes. Eine vergleichbare Position nimmt der schon genannte Scheich al-Qaradawi ein, der im Übrigen ein heftiger Gegner von al-Tantawi ist. Der Meinung von al-Tantawi haben sich auch eine Reihe von Führern der palästinensischen Christen angeschlossen. Atallah Hanna, der frühere Sprecher für die orthodoxe Kirche in Jerusalem sprach von ›Märtyreroperationen‹ und rief die christlichen Araber dazu auf, ebenfalls solche Aktionen durchzuführen. Vertreter der koptischen Kirche in Ägypten äußerten sich ähnlich. Die Suizidattentate werden von muslimischen Gelehrten als eine moderne Form des Dschihâd angesehen.

Um die Autorität solcher Äußerungen zu stärken, wird in zahlreichen Rechtsgutachten ein Bezug zur Zeit des Propheten Muhammad und zum Frühislam hergestellt. Wie im islamischen Recht üblich werden in anderen Gutachten die verschiedensten Aspekte der Selbstmordattentate untersucht. Da bei den Attentaten Nicht-Kombattanten betroffen werden, spricht man nicht einfach von ›Kollateralschäden‹, sondern eher umständlich davon, dass die gesamte israelische Gesellschaft militarisiert sei und es daher keine Unbeteiligten gebe. Eher merkwürdig mögen Überlegungen erscheinen wie die, ob eine Attentäterin sich ohne männliche Begleitung zu ihrer Aktion aufmachen, oder ob sie sich an den Ort ihres Angriffs ohne Kopftuch begeben dürfe. Insgesamt kann man damit rechnen, dass mit einem weiteren Andauern der gewalttätigen Auseinandersetzungen zwischen Israelis und Palästinensern die Zahl der muslimischen Gelehrten, die in diesem Kampf Selbstmordattentate für erlaubt halten, noch weiter zunehmen wird.

Trotz der beträchtlichen Aufmerksamkeit, die der schiitische Islam durch die Medien erhält, macht er doch im Weltislam nur eine Minderheit von weniger als 20 Prozent aus. Sunnitische und schiitische Muslime erkennen sich gegenseitig als Anhänger der Religion des Propheten Muhammad an. Dennoch unterscheidet sich der schiitische Islam in einigen wesentlichen Punkten von den Vorstellungen und Praktiken des sunnitischen Mehrheitsislams. Dies gilt zunächst einmal für die Bedeutung des Martyriums. Während der Märtyrer im sunnitischen Islam den Tod vor allem für sein eigenes Seelenheil findet und dann die Gnade Gottes für seine Verwandtschaft suchen kann, ist das schiitische Konzept des Martyriums sehr viel weiter gefasst.

Dies hat zunächst historisch-politische Ursachen. Als der Prophet Muhammad im Jahre 632 starb, erlebte seine Gemeinde dies als ein schockierendes, in keiner Weise erwartetes Ereignis. Für seine Nachfolge waren keinerlei Regelungen getroffen worden. Nach kurzer Zeit entstanden deshalb Auseinandersetzungen darum. Dabei ging die Mehrheit der Streitenden davon aus, dass eine Nachfolge des Propheten im religiösen Sinne nicht möglich sei, da mit dem Tod des Propheten die Offenbarung Gottes an die Menschheit abgeschlossen sei. Es ging zwar auch um die religiöse Anleitung der muslimischen Gemeinde, vor allem aber um die Bewahrung des politischen Zusammenhalts. In den Konflikten um die Führung der Gläubigen standen sich zwei Kontrahenten gegenüber: auf der einen Seite Abu Bakr, einer der ältesten Genossen des Propheten und einer seiner frühesten Anhänger, auf der anderer Seite Ali, ein Vetter Muhammads, der zudem mit dessen Tochter Fatima verheiratet war. Das Paar hatte zwei vom Propheten heiß geliebte Enkel, Hassan und Hussain. Der Teil der Muslime, die Abu Bakr unterstützten, forderte, dass der beste und geeignetste unter den Gläubigen die Rolle des Kalifen, des Vertreters des Propheten auf Erden, übernehmen müsse. Die Partei (arabisch: *schia*) Alis war dagegen der Ansicht, dass nur ein Verwandter des Propheten als dessen Stellvertreter in Frage komme. Ali musste noch die Herrschaft zweier weiterer Kalifen (Omar und Othman) abwarten, ehe er im Jahre 656 das Kalifenamt erlangte. Seine Herrschaft war aber auch jetzt aus einer Vielzahl von Gründen nicht unumstritten. Bis zu seiner Ermordung hatte er sich ständig mit den verschiedensten Gegnern auseinanderzusetzen. Mit ihm endet die Reihe der sogenannten ›rechtgeleiteten‹ Kalifen, die von der Dynastie der Omayyaden von Damaskus abgelöst werden. Die Geschichte der islamischen Religion nimmt bald darauf eine tragische Wende. Die Herrschaft der Omayyadendynastie war umstritten. In verschiedenen Teilen des inzwischen weit ausgedehnten Reiches kam es zu Aufständen, so auch in der im Süden des heutigen Irak gelegenen Stadt Kufa. Die Aufständischen riefen den Sohn Alis, den Prophetenenkel Hussain, gegen die omayyadischen Truppen zur Hilfe. Hussain folgte diesem Ruf. Von Medina aus reiste er mit einer kleinen Begleitung nach Mesopotamien. In der Nähe von Kerbela wurde die Reisegesellschaft im Jahre 680 von omayyadischen Truppen überrascht und in einem kurzen Gefecht aufgerieben. Hussain und alle seine männlichen Begleiter fanden dabei den

Tod. Dieses militärisch kaum erwähnenswerte Ereignis wurde von den Anhängern Alis und Hussains, den Schiiten, zu einer der bedeutendsten Schlachten der Weltgeschichte stilisiert. Der Tod des Prophetenenkels ist für Sunniten ein Anlass zur Trauer. Sie begehen den Todestag teilweise mit Fasten und Beten. Für die Schiiten ist der Tod Hussains jedoch der Ausgangspunkt zahlreicher Legenden und für die Entwicklung einer Theologie, in der das Motiv des Martyriums einen entscheidenden Platz einnimmt und in der eine Erlösergestalt eine Rolle spielt, die für die islamische Welt einmalig ist. Die Verehrung des Märtyrers Hussain hat verschiedene wirkungsmächtige Formen angenommen. Seine Bedeutung wird durch eine mächtige Grabmoschee in Kerbela verkörpert, die für Schiiten in aller Welt eine der wichtigsten Wallfahrtsstätten darstellt. Unter Schiiten herrscht die feste Überzeugung, dass alle Menschen, die in der Nähe des Grabes von Hussain ihre letzte Ruhestatt finden, am Jüngsten Tag zu den Seligen gehören werden, die ins Paradies gelangen. (Dass sich viele Schiiten bemühen, in Kerbela bestattet zu werden, ist also nur verständlich.) Der Todestag Hussains am 10. Muharram ist für alle Schiiten ein Tag der intensiven Trauer. Jahr für Jahr geloben an diesem Tag junge Männer, die durch Wohnquartiere und Städte ziehen und sich dabei geißeln, Hussain als ihrem Vorbild zu folgen und wie er das Martyrium auf sich zu nehmen. Viele Tausend von ihnen setzten während des iranisch-irakischen Krieges (1980–1988) dieses Gelöbnis in die Tat um. In Märtyrertestamenten wird der Tod als »geringstes Geschenk« bezeichnet. Ihnen hatte der Revolutionsführer Ayatollah Khomeini zugerufen: »Ihr seid siegreich, weil

Gott mit euch ist; ihr seid siegreich, weil ihr den Glauben besitzt; ihr seid siegreich, weil der Islam eure Stütze ist; ihr seid siegreich, weil ihr das Martyrium umfangt, und jene, die sich vor dem Martyrium und Sterben fürchten, sie sind besiegt.« (Übersetzung Werner Schmucker) In diesem Zusammenhang ist eine Blutmystik entstanden, die in dem Märtyrerbrunnen von Teheran, in dem Tag und Nacht eine Blut symbolisierende Flüssigkeit fließt, einen modernen Höhepunkt erreicht hat. In Passionsspielen und szenischen Darstellungen wird an diesem Tag an den Opfertod Hussains erinnert – eine der wenigen Formen von Theater, die in den islamischen Literaturen öffentliche Bedeutung erlangt hat. Neben diesen für die Identität der schiitischen Minderheit bedeutenden Ritualen spielt ein theologisches Moment im Zusammenhang mit dem Gedenken des Martyriums von Kerbela eine besondere Rolle. Nach den schiitischen Traditionen, die in den Passionsspielen immer wieder lebendig werden, wusste Hussain um sein Schicksal. Hussain entschloss sich dennoch, ohne zu zögern, für den Märtyrertod. Dabei ist die ihm zugeschriebene Motivation von besonderer theologischer Bedeutung: Hussain soll in seinem Martyrium die Möglichkeit gesehen haben, die Sünden der Menschheit zu sühnen. Man spricht ihm also eine Erlöserfunktion zu, wie sie der Islam sonst nicht kennt. Nach schiitischer Vorstellung verfügten der Prophet Muhammad, Ali und seine Söhne sowie deren Nachkommen über die nur ihnen zukommende Fähigkeit, die innere Bedeutung des Korans zu verstehen, während die übrigen Menschen nur dessen äußere Bedeutung verstünden. Dies führte dazu, dass die als ›Imame‹ bezeichneten Nachkommen des Propheten für die Schiiten zu wichtigen Führern ›auf dem rechten Weg‹ wurden. In der *Schia* wurde das Dogma von der Einheit Gottes und der Prophetenschaft Muhammads erweitert um die Notwendigkeit der Führung der Menschen durch die *Imame*. Da nach schiitischer Vorstellung alle *Imame* und viele andere wichtige Personen der schiitischen Religionsgeschichte den Märtyrertod starben, entwickelte sich im schiitischen Leben eine Vorstellung vom Martyrium, die das Bewusstsein bis auf den heutigen Tag tief prägt.

Hier ist auch Gelegenheit, auf einen weiteren Unterschied des schiitischen Islams gegenüber dem sunnitischen hinzuweisen. In einem komplizierten, hier nicht darzustellenden Vorgang ging die Autorität der *Imame* auf die schiitischen Rechtsgelehrten über. Wenn also heute ein schiitischer Muslim in einer religiösen oder moralischen Frage hinsichtlich seines Verhaltens unsicher ist, kann er sich wie ein Sunnit an einen Rechtsgelehrten wenden, der ein Rechtsgutachten erstellt. Im Gegensatz zu dem, was im sunnitischen Bereich gilt, muss ein schiitischer Muslim der *Fatwa* des von ihm befragten Rechtsgelehrten folgen, auch wenn ihm dessen Antwort nicht zusagt. Darüber hinaus ist er verpflichtet, allen weiteren Rechtsgutachten dieses Gelehrten – freilich nur bis zu dessen Ableben – zu folgen, auch wenn sie Themen berühren, die ihm ursprünglich gleichgültig waren. Da auch die Gelehrten in einem entsprechenden Abhängigkeitsverhältnis zu ihren Lehrern stehen und diese wieder zu ihren Lehrern, ergibt sich eine hierarchische Struktur, an deren Spitze eine oberste Autorität steht, die als ›*Marja‹ al-Taqlîd*‹ (Quelle der Rechtleitung) bezeichnet wird. Auf diese Weise hat sich im schiitischen Islam und nur in ihm etwas entwickelt, was man als Klerus bezeichnen könnte. Diese Strukturen haben zu der unumschränkten Autorität des Ayatollah Khomeini in der Islamischen Republik Iran geführt. In der Konsequenz konnte Khomeini daher den Märtyrergedanken gegenüber den Soldaten im ersten Goldkrieg propagieren, das Martyrium aber auch von den schiitischen Oppositionellen im Irak verlangen.

## Der Islam und die Tötung von Menschen

Grundsätzlich verbietet der Islam, wie bereits erwähnt, mit klaren Worten die Tötung von Menschen durch Menschen. Dieses Verbot gilt in Bezug auf Muslime und Nicht-Muslime in gleicher Weise. In dieses Verbot einbezogen sind auch Selbstmord, Euthanasie und Abtreibung. Eine solche Tat wird aus der Sicht aller Gelehrten aller Schulen als Eingriff in die Domäne Gottes angesehen. Gott allein gibt den Menschen das Leben, er allein hat daher auch das Recht, sie sterben zu lassen. Unter bestimmten Umständen hat Gott jedoch nach islamischer Auffassung den Menschen das Recht, andere zu töten, übertragen. Diese Bedingungen werden im Koran und den Prophetentraditionen genau festgelegt. Doch auch dann hat das Leben stets Priorität gegenüber dem Töten. Wer zur Tötung berechtigt ist, wird genau definiert. Das Recht liegt zunächst natürlich bei den staatlichen Autoritäten; daher wurde in der Vergangenheit dem Kalifen bei öffentlichen Auftritten stets das Richtschwert als Symbol seiner Gewalt über Leben und Tod vorangetragen. Der Kalif hatte auch die Funktion eines Richters. Auch dem *Qâdî*, dem islamischen Richter, kam das Recht zu, Menschen zum Tode zu verurteilen und Hinrichtungen anzuordnen. Töten dürfen auch die Rechtsvertreter eines Ermordeten; allerdings ruft der Koran intensiv dazu auf, von der Rache Abstand zu nehmen und stattdessen eine Kompensation in Form eines ›Blutgeldes‹ zu akzeptieren. Außerdem haben auch die Kämpfer im Dschihâd das Recht, ihre Feinde zu töten.

In den anderen Fällen hat die gerechtfertigte Tötung eines Menschen im islamischen Recht immer den Charakter einer Strafe für ein besonders schweres Verbrechen. Solche Verbrechen sind der Abfall vom Islam, Mord und Ehebruch. Dabei wird die Apostasie als die größte Sünde und das größte Verbrechen angesehen, das der Muslim begehen kann. Die Vergeltung für eine solche Tat ist zunächst einmal überirdischer Art; denn der Fluch Gottes, der Engel und aller Menschen wird über die Sünder kommen. Weitere Strafen sieht der Koran für sie zunächst nicht vor. Das islamische Recht leitet die Todesstrafe für Apostasie aus einem anderen Zusammenhang her. Den Heuchlern unter den Muslimen, die nur scheinbar den Islam angenommen haben und sich dann gegen ihre Glaubensbrüder wenden, wird der Tod angedroht, da sie eine Gefahr für die Gemeinschaft der Gläubigen darstellen. In einem Analogieschluss legten die islamischen Rechtsgelehrten diese Regelung auch für den Fall der Apostasie fest. Sie konnten sich dabei auch auf entsprechende Aussagen des Propheten Muhammad stützen. Im Laufe der Zeit sind jedoch dermaßen hohe und zahlreiche Hürden für den Nachweis des Abfalls vom Islam eingeführt worden, dass sich die meisten 'Ulamâ' nicht mehr zutrauen, eine entsprechende Feststellung zu treffen. Unter bestimmten politischen Umständen kommt es aber immer wieder bis heute vor, dass Rechtsgelehrte einen Dissidenten zum Apostaten erklären. Dies geschah in einem spektakulären Fall zum Beispiel Mitte der 90er Jahre in Ägypten mit dem prominenten Koranforscher und Literaturwissenschaftler Nasr Hamid Abu Zaid, dessen abweichende Meinung in der Frage einer historischen Interpretation des Korans und einer Trennung von Religion und Politik zu einer Fatwa und zur Zwangsscheidung führte. Ohne Zweifel bestand die Gefahr, dass ein Mordanschlag auf ihn verübt würde, so dass er ins Exil gehen musste.

Als rechtmäßige Tötung gilt nach islamischem Recht auch die Hinrichtung für vorsätzlichen Mord. Dabei kann der Vollzug der Exekution in die Hand der Rechtsvertreter des Opfers gelegt werden. Die Strafe ist jedoch nur an dem Täter oder der Täterin zu vollziehen, nicht etwa an einem anderen Mitglied der Familie oder des Stammes. Damit wird der in vorislamischer Zeit üblichen Praxis der Blutrache ein Regulativ vorgeschaltet. Die Verwandten des oder der Ermordeten dürfen auf die Tötung des Verbrechers verzichten und können sich stattdessen mit einer festgelegten Kompensation für den Verlust zufriedengeben. Der Koran äußert sich auch zur Form der Hinrichtung, die abhängig von der Schwere des Verbrechens ist. Dabei nimmt er speziell auf Gewalttäter Bezug, »die auf der Erde umherreisen, um Unruhe zu stiften«. Wenn Räuber getötet haben, um ihre Tat durchzuführen oder zu verdecken, sollen sie gekreuzigt werden. Wenn sie nur geraubt haben, werden ihnen rechte Hand und linker Fuß abgeschlagen. Wenn sie Menschen terrorisiert haben, ohne zu rauben oder zu töten, werden sie des Landes verwiesen.

Auch bei Ehebruch wird vom Koran die Todesstrafe angedroht. Allerdings muss die Schuld der Täter mit absoluter Sicherheit festgestellt werden. Um den Tatbestand eindeutig festzustellen, bedarf es des Zeugnisses von vier verlässlichen Augenzeugen. Falls der Ehemann seine Frau des Ehebruchs beschuldigt, gilt dies nur als Nachweis, wenn die Frau oder eine andere Person der Beschuldigung nicht widerspricht. Schließlich ist das Geständnis der Täter selbst ein unwiderlegbarer Beweis für die Tat. Ob Frauen hingerichtet werden sollen, ist unter den Rechtsgelehrten umstritten. Manche nennen als Strafe auch die Einschließung, »bis der Tod sie abberuft oder Gott ihnen einen Ausweg verschafft«. Das islamische Recht enthält im Übrigen eine Vielzahl von Regelungen für die Bestrafung illegitimer sexueller Beziehungen. So trifft unverheiratete Personen, die ›Unzucht getrieben‹ haben, die Strafe von hundert Peitschenhieben. Homosexualität wird nach einigen Rechtsgelehrten wie Unzucht, nach anderen wie Ehebruch, also auch mit dem Tode bestraft.

Schließlich dürfen, wie oben schon ausgeführt, die Kämpfer im Dschihâd ihre Feinde töten.

# Der Kampf gegen den Kolonialismus –
## Grundlegung der Gewalt

Wer das Thema Gewalt im Raum der islamischen Welt der Moderne anschneidet, kommt nicht um die Beantwortung der Frage herum, in welcher Weise sich historisch Antikolonialismus und religiös motivierter Kampf in diesem Raum verbunden haben. Es ist also aufschlussreich, an konkreten Fällen zu beschreiben, ob und wie Antikolonialismus, Dschihâd, Nationalismus und Messianismus sich vermischten. Der exemplarische Blick in die Geschichte mag zur Erhellung solcher bis heute virulenter Zusammenhänge beitragen.

*Historische Entwicklung*

Nachdem die Kreuzfahrerheere aus dem Heiligen Land vertrieben worden waren, nahmen islamische Gelehrte die Entwicklungen im Abendland kaum mehr zur Kenntnis, wie sie auch schon vorher nicht auf das geachtet hatten, was an geistigen Vorstellungen und wissenschaftlichen Überzeugungen unter den Kreuzfahrern vorhanden war. Dieses Überlegenheitsgefühl der Gelehrten gegenüber den barbarischen Menschen aus dem Westen ist durchaus nachvollziehbar. Der technologische, wissenschaftliche und zivilisatorische Vorsprung des Orients gegenüber dem Okzident war für jeden offenbar. Gewiss, es hatte nach dem Abzug der Kreuzfahrer wirtschaftliche Kontakte gegeben. Das Mittelmeer war weiterhin ein wichtiger Kommunikationsraum zwischen Morgenland und Abendland. Die Kaufleute hielten sich in der Regel aber nur in den von ihnen besuchten Hafenstädten auf, so dass sie wenig von den Entwicklungen in den großen Städten des Hinterlandes erfuhren. Im Übrigen standen Fragen philosophischer, theologischer, ja sogar technischer Entwicklungen nicht unbedingt im Vordergrund ihrer Interessen. Nach der Französischen Revolution hatte es zwar in Istanbul heftige Auseinandersetzungen zwischen Franzosen gegeben, die das alte bzw. das revolutionäre Regime unterstützten. Die osmanischen Behörden hatten diesen Vorgang aber als interne Auseinandersetzung zwischen zwei Exilantengruppen betrachtet und die Handgreiflichkeiten mit der Hilfe von Ordnungskräften beendet. An den ideologischen Hintergründen der Auseinandersetzung war man nicht weiter interessiert. Die Neuheiten im technischen, vor allem im militärtechnischen Bereich, die man durch westliche Diplomaten bei deren gelegentlichen Besuchen in der Hauptstadt des Osmanischen Reiches kennenlernte, hatten ebenfalls nur ein eher oberflächliches Interesse gefunden. Daher traf die militärische Überlegenheit des französischen Expeditionskorps, das unter der Führung von Napoleon Bonaparte 1798 die für unschlagbar gehaltenen Mamlukentruppen in der Schlacht bei den Pyramiden aus dem Feld schlug, die Muslime als ein schwerer Schock. Der wurde auch nicht dadurch gemildert, dass der französische General sich zumindest kryptisch als Muslim bezeichnete, wenn er in einer Proklamation erklärte: »Volk von Ägypten, man wird euch sagen, dass ich gekommen bin, um eure Religion zu zerstören; glaubt das nicht. Antwortet, dass ich gekommen bin, um eure Rechte wiederherzustellen, die Usurpatoren zu bestrafen, und dass ich, mehr als die Mamluken, Respekt habe vor Gott, seinem Propheten und dem Koran.« Trotz dieser schönen Worte und obwohl die Franzosen über die politische und religiöse Situation im Lande genau informiert waren, war das Verhalten der französischen Armee in Ägypten das einer Besatzungsarmee. Französische Beobachter sparten nicht mit Kritik: »Wir, die wir uns rühmten, viel gerechter als die Mamluken zu sein, begingen täglich notgedrungen eine Menge Ungerechtigkeiten. Die Schwierigkeit, unsere Feinde an Gestalt, Farbe und Kleidung sogleich zu erkennen, führte dazu, dass wir täglich unschuldige Fellachen umbrachten. Die Soldaten, die auf Kundschaft auszogen, hielten öfters die armen Kaufleute, die in Karawanen gezogen kamen, für Mekkaner, und ehe ihnen Gerechtigkeit widerfahren konnte, waren zwei oder drei niedergeschossen, ein Teil ihrer Ladung geraubt oder verdorben, ihre belasteten Kamele gegen unsere verwundeten ausgetauscht, und der Gewinn von allem floss, genau betrachtet, den Kopten und Dolmetschern und anderen Blutsaugern zu. Das Los der Einwohner, zu deren Glück wir gekommen waren, war nicht sonderlich beneidenswert. Hatten sie aus Furcht vor unserer Ankunft die Flucht ergriffen, fanden sie bei ihrer Rückkehr nach unserem Abmarsch nichts als die kahlen Lehmwände, die wir ihnen gelassen hatten; alles andere Gerät hatten wir benutzt, Wagen, Dächer, Türen, alles hatten wir verbrannt, um Suppe zu kochen, ihre Töpfe waren zerbrochen, ihr Getreide verbacken, Hühner und Tauben gebraten. Nichts blieb liegen als die Kadaver ihrer Hunde, welche bei der Verteidigung des Eigentums ihrer Herren umgekommen waren.« Ähnliche Berichte ließen sich aus Algerien, Westafrika, vom indischen Subkontinent oder aus den niederländischen Kolonialgebieten der malaiisch-indonesischen Inselwelt beibringen. Gegen diese Praxis der Kolonialmächte erhob sich rasch Widerstand in der einfachen Bevölkerung, während die herrschenden Eliten sich nach der militärischen Niederlage rasch mit den neuen Herren arrangierten. Geleitet wurde dieser Widerstand in der Regel von religiösen Führern, die den Versuch der Unterwerfung eines Teils des ›Gebiets des Islams‹ unter nichtmuslimische Herrschaft als eine Umkehrung aller Regeln Gottes betrachteten. Zwar fanden sich auch Gelehrte, die von den technologischen und sozialen Errungenschaften des Westens fasziniert waren. Seit den 40er Jahren des 19. Jahrhunderts nahmen muslimische Stipendiaten an Studienaufenthalten in den großen europäischen Metropolen teil und wurden durch diese Erfahrung tief beeindruckt. Doch die Mehrheit der muslimischen Bevölkerung lehnte die europäische Herrschaft nicht zuletzt aus religiösen Gründen ab. Effektiven Widerstand leisteten einerseits die mystischen Bruderschaften, die als die am besten organisierten Gruppen in vielen islamischen Ländern in der Lage waren, ihre Anhänger gegen die Kolonialheere in Stellung zu bringen. So war der Emir Abd el-Kadir in Algerien seit 1840 der stärkste Gegner der französischen Besetzung des Landes. Sein Widerstand dauerte über zehn Jahre. In anderen Fällen waren es einzelne charismatische Persönlichkeiten wie der ›mad Mullah‹ in Somalia, der bis in die Zeit nach dem Ersten Weltkrieg den Engländern und Italienern einen ständigen und in der Regel erfolgreichen Guerilla-Krieg lieferte. Dieser Mann war weder verrückt noch ein schiitischer Religionsgelehrter (wie die genannte Bezeichnung suggeriert), sondern ein somalischer Sunnit mit Namen Muhammad Abdallah Hasan, der in Mekka studiert hatte, die Besetzung seiner Heimat durch europäische Kolonialmächte aus religiösen Gründen ablehnte und alles tat, um sie aus dem Land zu vertreiben. Dass er dafür zum Dschihâd aufrief, lag in der Natur seiner religiösen Einstellung.

Einige Beispiele mögen die Vielfältigkeit der Methoden und der Motive dokumentieren, mit denen muslimische Gelehrte Anhänger um sich sammelten, um gegen die Fremdherrschaft aufzustehen. Um die Vielzahl der antikolonialen Bewegungen unter der Fahne des Islams zu verdeutlichen, sei hier auf einige weniger bekannte Beispiele des Kampfes gegen die europäischen Kolonialmächte hingewiesen. Bemerkenswert ist dabei der den verschiedenen Bewegungen gemeinsame Heilserwartungsgedanke, der sich in der Erlösergestalt des *Mahdi* manifestiert. Der berühmte arabische Geschichtstheoretiker Ibn Khaldun (gestorben 1382) beschreibt den *Mahdi* folgendermaßen: »Es ist allgemein bekannt unter den Muslimen aller Epochen, dass am Ende der Zeit ein Mann aus der Familie des Propheten erscheinen wird, einer, der die Religion stärken und der Gerechtigkeit zum Siege verhelfen wird. Die Muslime werden ihm folgen, und dieser wird die Herrschaft über die Länder erlangen. Er wird ›Mahdi‹ (der Rechtgeleitete) genannt werden. Ihm wird der *Dadschal* (gemeinhin mit ›Anti-Christ‹ übersetzt) folgen, zusammen mit den Zeichen der Stunde des Jüngsten Gerichts, wie sie in den Traditionen beschrieben sind. Nach dem *Mahdi* wird Isa (Jesus) herab-steigen und den *Dadschal* töten. Er wird den Mahdi als Vor-beter anerkennen.«

Diese Messiasgestalt spielt im antikolonialen Kampf der Muslime eine wichtige Rolle, und sie tauchte bis in die 80er Jahre des 20. Jahrhunderts in der islamischen Welt immer dann auf, wenn die natürliche Ordnung aus der Sicht der Muslime auf den Kopf gestellt war, vor allem dann, wenn sie sich unter einer ungerechten oder fremden Herrschaft sahen. Das mit der Gestalt des Mahdi angezeigte apokalyptische Moment des Denkens ist nicht nur etwas Vergangenes. Apokalyptische Vorstellungen werden auch bei den Attentätern von New York vermutet.

## Auswirkungen des Kolonialismus

Die Auswirkungen des westlichen Kolonialismus auf die islamische Welt und ihre Gesellschaften sind sehr vielfältig. Die traditionellen wie die modernisierten Eliten versuchten ernsthaft, ihre Gesellschaften zu modernisieren, indem sie wirtschaftliche Strukturen veränderten, neue Kommunika-tionstechnologien einrichteten, das Bildungssystem umbau-ten, die Armee reformierten und auf vielfältige Wese west-liche Lebensformen nachzuahmen versuchten. Da diese Modernisierung sich nur sehr langsam vollziehen konnte, bemühte man sich um die Schaffung von Symbolen, die als Beweis für den erreichten Fortschritt dienen sollten. Man baute Opernhäuser und gründete Symphonie-Orchester, deren Programm aus dem Repertoire westlicher klassischer Musik zusammengestellt wurde. Dass dies für eine ganz überwiegende Mehrheit der Gesellschaften gar keine positive Bedeutung hatte und zu Recht als sinnlose Geldverschwendung betrachtet wurde, ließ die führenden Kreise völlig unbeeindruckt. Hier begann etwas, was die radikalen islamischen Modernisierungskritiker als ›Westoxikation‹ bezeichnen und gegen das sie sich mit aller Macht wehren.

Zu den für die orientalischen Eliten nicht ganz untypischen Modernisierungsvorstellungen gehörte vor allem der Import von europäischen Ideologien, die für die Entwicklung der islamischen Gesellschaften bis in die 60er Jahre des 20. Jahrhunderts von Bedeutung waren. Man kann hier durchaus von Import sprechen, weil die Vertreter dieser Ideologien mit ihren Vorstellungen in die verschiedenen islamischen Länder kamen. So gründete die ›Fabian Society‹, die eine besondere Art von Sozialismus propagierte, Anfang des 20. Jahrhunderts unter anderem in Kairo eine Zweigstelle, und Vertreter der Kommunistischen Internationale sollen schon unter den Aufständischen der ›Irakischen Revolution‹ von 1920 agitiert haben. Natürlich brachten auch Muslime, die sich als Studenten oder auf Reisen in europäischen Ländern aufgehalten hatten, bei ihrer Rückkehr derartige westliche Ideologien mit. Sie erwarteten, dass es mit ihrer Hilfe gelingen könnte, die Rückständigkeit ihrer Heimat zu verändern.

Das Konzept der Nation im europäischen Sinn ist mit dem Islam allerdings nicht vereinbar. Denn es gibt nur die Gemeinschaft der Gläubigen. Zwar stellt der Koran fest, dass Gott verschiedene Völker geschaffen hat, aber keinem hat er einen besonderen Vorrang zugebilligt. Für Muslime, die sich vom Westen angezogen fühlten, konnten die Idee der Nation einerseits und die der Gemeinschaft der Muslime andererseits nebeneinanderstehen, ohne dass ihnen der immanente Widerspruch deutlich wurde. Im Laufe der Zeit waren es aber neben orientalischen Christen und Juden vor allem säkularisierte Muslime, die Konzepte eines ägyptischen, arabischen oder türkischen Nationalismus entwickelten. Der Einfluss von Angehörigen der religiösen Minderheiten auf die Ausarbeitung nationalistischer Theorien darf nicht verwundern: Innerhalb der säkularen Nation konnten, ihren Erwartungen nach, die religiösen Unterschiede, die sie in islamischen Staaten zu Bürgern zweiter Klasse machten, aufgelöst und überwunden werden. In seiner Methode der Identitätserfindung unterschied sich ein arabischer oder türkischer Nationalismus nicht von seinen deutschen, französischen, italienischen oder russischen Vorbildern. Kennzeichnend ist vor allem das Bemühen, eine möglichst weitreichende historische Tiefe nachzuweisen, aus der heraus sich dann aktuelle Ansprüche nachweisen lassen. So haben arabische Nationalisten der dreißiger Jahre des 20. Jahrhunderts den altorientalischen Herrscher Hammurabi oder auch Abraham und Moses für die arabische Nation vereinnahmt. Radikal-nationalistische türkische Denker behaupteten, dass die Etrusker die Vorfahren der Türken seien. Vergleichbare Theorien findet man bekanntlich auch bei den Vertretern der entsprechenden nationalistischen Theorien in Europa. Die Folgen, die mit dem Entstehen eines ägyptischen, mesopotamischen, gesamt- oder panarabischen, eines iranischen, türkischen oder indo-muslimischen Nationalismus einhergingen, wurden von europäischen Beobachtern, vor allem aber von Militärs und von den Vertretern der jeweiligen Kolonialverwaltungen schnell als eine ernst zu nehmende Gefahr erkannt. Aus dieser Perspektive konnte die Legitimität der europäischen Herrschaft in den verschiedenen Teilen der islamischen Welt in Frage gestellt werden. In der Tat entwickelte sich der Nationalismus zur stärksten Triebfeder der antikolonialen Bewegung in allen Regionen der islamischen Welt. Für unseren Zusammenhang wichtig bleibt freilich die Feststellung: Der Mehrheit der muslimischen Bevölkerung blieben diese Vorstellungen fremd. Lediglich mit dem Hinweis auf die religiöse Verpflichtung der Befreiung der ›dâr al-islâm‹ von einer nicht-islamischen Fremdherrschaft waren islamisch geprägte Bevölkerungsschichten für die Beteiligung am antikolonialen Kampf zu gewinnen. Diese Allianzen erwiesen sich jedoch in der Mehrzahl der Fälle als ein Bündnis auf Zeit. War die nationale Unabhängigkeit von den Kolonialmächten einmal durchgesetzt, zerbrachen diese Bündnisse, und in der Regel behielten die nationalistischen Kräfte die Oberhand. Diese bevorzugten bei ihren Reform- und Entwicklungsbemühungen das Prinzip des Säkularismus, indem sie den Islam, im Sinne europäischer Kritiker, als rückständig und fortschrittshemmend charakterisierten. Kam es zu Gegenbewegungen islamischer Kräfte aus der gläubigen Bevölkerung, wurden diese häufig mit drakonischen Maßnahmen unterdrückt.

## Sozialistische Vorstellungen

Sozialistische Vorstellungen waren für weite Teile der islamischen Gesellschaften zunächst wenig verständlich. Die Ablehnung z. B. von Privateigentum wiedersprach den Vorstellungen des Korans, der Besitz als etwas ansah, das dem Menschen von Gott geliehen wurde und für das er ihm Rechenschaft schuldig ist. Die Forderung nach der allgemeinen Abschaffung von Privateigentum widersprach also der von Gott gesetzten Ordnung. So waren es vor allem Angehörige der religiösen Minderheiten, die sich für sozialistische Konzepte einsetzten. Die Führer kommunistischer Parteien in arabischen Ländern waren sehr häufig christlicher Herkunft. Lediglich unter den Schiiten fanden sich nennenswerte Gruppen, die sich für einen westlichen Sozialismus interessierten. Dies mag auf die Tatsache zurückzuführen sein, dass eine große Zahl von ihnen traditionell zu den ethnischen oder sozialen Minderheiten in ihren jeweiligen Gesellschaften gehörte und entsprechenden Vorstellungen gegenüber aufgeschlossen war. Seit den 50er Jahren des 20. Jahrhunderts verbanden sich nationalistische und sozialistische Vorstellungen in einer Reihe von islamischen Ländern zu einer Art von Symbiose. Das gilt vor allem für die arabische Welt, aber auch für Indonesien unter seinem Staatsgründer Ahmed Sukarno. Da die religiösen Einrichtungen und ihre Mitarbeiter in diesen Staaten oft finanziell von den jeweiligen Regierungen abhängig waren, wurden die islamischen Gelehrten gedrängt, die Übereinstimmung dieser modernen Konzepte mit den Regeln des Islams festzustellen. Während dies im Zusammenhang mit nationalistischen Vorstellungen sich nur schwer bewerkstelligen ließ, konnte man aus den autoritativen Texten des Islams ohne große interpretatorische Bemühungen die Forderung nach Gleichheit und Gerechtigkeit auch im materiellen Sinne herauslesen. Die führenden 'Ulamâ' versuchten den Islam geradezu als eine besonders frühe Form des Sozialismus darzustellen. Mit diesen Bemühungen konnten sie aber nur einen Teil der muslimischen Bevölkerung überzeugen. Der Mehrheit war bewusst, dass die religiösen Führer in starker Abhängigkeit von den politisch Herrschenden standen. Als die politische Führung vieler islamischer Länder bei der Bevölkerung infolge von offenkundiger Misswirtschaft und Korruption mehr und mehr an Ansehen verlor, wurden auch die mit dem Staat eng verbundenen religiösen Autoritäten in immer stärkerem Maße kritisiert und ihre Anweisungen religiöser oder ethischer Natur von Teilen der Bevölkerung mehr und mehr ignoriert. Die gesellschaftliche und politische Krise entwickelte sich dadurch auch zu einer religiösen Krise. Da die staatsnahen Religionsgelehrten in weiten Teilen der Bevölkerung beträchtlich an Autorität verloren hatten, fanden radikale Prediger Zulauf, die in ›privaten‹ Moscheen das ansprachen, was der Bevölkerung auf den Nägeln brannte: Korruption, Arbeitslosigkeit, Verschwendung von Volksvermögen, bestimmender Einfluss von fremden Mächten, Sittenverfall etc. Nicht alle diese Vorwürfe mögen objektiv berechtigt sein – der subjektive Eindruck vor allem bei der unteren Mittelklasse bestand jedenfalls. Das von den Herrschenden gebetsmühlenhaft wiederholte Versprechen einer Verbesserung der allgemeinen Lebensumstände wurde nach 20 und mehr Jahren Unabhängigkeit nicht mehr ernst genommen. Nur noch mit radikalen Mitteln glaubte man Veränderungen herbeiführen zu können. Die Enttäuschten der antikolonialen Bewegung, die am sozialistischen Experiment Verzweifelnden wandten sich seit dem Beginn der 70er Jahre verstärkt einem Islam zu, der nichts mit seiner offiziellen, staatlich finanzierten Form zu tun hatte. Einige zogen sich in den privaten Islam der Mystik zurück, andere blieben radikal, änderten aber die ideologische Grundlage ihrer Radikalität. Sie vor allem sind heute im Blickfeld des Weltinteresses. Die unmittelbar nach dem Angriff auf Afghanistan ausgestrahlte aggressiv-drohende TV-Botschaft Bin Ladens spricht ihre Sprache.

# Die Muslimbruderschaft – radikal und modern

*Ziele, Theorien, Entwicklungen*

Die auf lange Sicht erfolgreichste islamistische Organisation ist die Muslimbruderschaft. Sie war 1928 von dem ägyptischen Lehrer Hasan al-Banna (1906–1949) gegründet worden. Ihr politisches Ziel ist die Einführung einer ›islamischen Ordnung‹. Diese Ordnung wird von ihren Verfechtern in vier Programmpunkten zusammengefasst:

1. Die Glaubensüberzeugung ist die Grundlage der ›islamischen Ordnung‹. Zu ihr gehört die Überzeugung von der Existenz Gottes als des Schöpfers alles Seienden, von der Bindung zwischen Gott und Menschen, von einem diesseitigen und einem jenseitigen Leben und von der Prophetie.

2. Die rituellen Pflichten gegenüber Gott stellen eine ständige Bewusstwerdung der Glaubensüberzeugungen dar. Dabei ist zu beachten, dass sie alle gesellschaftliche und soziale Implikationen haben. »Die religiösen Pflichten beruhen auf dem Gedanken der gesellschaftlichen Zusammenarbeit.« Die sozialen Implikationen des Almosengebens liegen auf der Hand, ebenso die des Gemeinschaftsgebets der Muslime am Freitagmittag. Das Fasten im Monat Ramadan wird als »praktische sozialistische Erziehung« verstanden. Die Pilgerfahrt nach Mekka stärkt das Bewusstsein der weltumspannenden Gemeinschaft der Muslime.

3. Die ethische Ordnung ist ein weiterer Aspekt der ›islamischen Ordnung‹. Dabei sehen die Muslimbrüder soziale

Probleme als moralische Probleme an. Sie versuchen diese durch konkretes Handeln zu beseitigen.

4. Die ›islamische Ordnung‹ kann nur durch eine entsprechende Gesetzgebung verwirklicht werden. Deren Grundlage ist das islamische Recht. Diese Gesetzgebung kann nicht ohne Strafandrohungen auskommen.

Der wirkungsmächtigste Theoretiker der Muslimbruderschaft war Sayyid Qutb (1906–1966). Er wurde Lehrer, war aber vornehmlich in der Bildungsverwaltung tätig und arbeitete als Journalist. Durch einen USA-Aufenthalt wurde er zu einem heftigen Kritiker westlicher Lebensweise. Trotz seiner zum Teil hochdifferenzierten Vorstellungen wurde er vor allem wegen seiner häufig polemischen und antiwestlichen Schriften berühmt. Sayyid Qutbs Überzeugung: Im Westen herrscht ein System, das der wahren Natur des Menschen und seinen von Gott bestimmten Zielen im Wege steht. Daher muss gegen dieses Hindernis bei der Verwirklichung des Willens Gottes vorgegangen werden. Für Qutb bemühen sich die Menschen im Westen nicht um den »inneren Kampf zwischen ihrer wahren geistigen und ihrer animalischen Natur«. Daher werden sie animalisch, also Tieren ähnlicher als Menschen. Für weitere radikale muslimische Denker von Bedeutung war auch sein Freiheitsbegriff: »Die wahre Religion ist in der Tat eine universelle Deklaration der Freiheit des Menschen von der Versklavung durch andere Menschen und durch seine eigenen Begierden ... Das bedeutet, dass Religion eine umfassende, totale Revolution gegen die Souveränität des Menschen in allen ihren Typen, Formen Systemen und Zuständen darstellen muss. Religion revoltiert gegen jedes System, in dem

71

die Autorität in irgendeiner Form in der Hand des Menschen liegt – oder mit anderen Worten – die der Mensch in irgendeiner Form usurpiert hat.« An anderer Stelle heißt es bei ihm: »Die grundlegenden islamischen Prinzipien sind revolutionär. Islam ist Revolution gegen die Vergöttlichung von Menschen, gegen Ungerechtigkeit und gegen politische, wirtschaftliche, rassische und religiöse Vorurteile.«

Trotz der schweren Verfolgungen unter Präsident Gamal Abdel Nasser (1918–1970) in Ägypten gelang es den Muslimbrüdern, ihre Organisationsstruktur aufrechtzuerhalten. Als verbotene Organisation traten sie nicht mehr in der Öffentlichkeit in Erscheinung. Manche Mitglieder gingen ins Exil, vor allem nach Saudi-Arabien oder nach Europa und warteten dort die weitere Entwicklung ab. Seit etwa 40 Jahren haben die Muslimbrüder ausdrücklich auf jede Form von Gewalt zur Durchsetzung ihrer Ziele verzichtet. Nach der Machtübernahme durch Anwar al-Sadat (1918–1981) veränderte sich die politische Situation in Ägypten. Der neue Präsident ließ den Muslimbrüdern wieder mehr Bewegungs- und Aktionsfreiheit, die von ihnen jedoch nur vorsichtig genutzt wurde. Inzwischen hatte sich die geistige Situation in der arabischen Welt grundlegend geändert. Nach den Niederlagen der arabischen Heere im Juni-Krieg 1967 war es vor allem im Mittelstand der Gesellschaften zu einer Re-Islamisierung gekommen. Säkulare arabische Nationalisten, Sozialisten oder Kommunisten wandten sich dem Islam zu. In dieser Phase bot die Organisation der Muslimbrüder diesen ›re-born Muslims‹ eine attraktive Anlaufstelle und eine neue geistige Heimat. Das lag an verschiedenen Aspekten der Ideologie der Muslimbrüder. Dabei spielte die Betonung der Erziehung und das große soziale Engagement der Muslimbrüder eine wichtige Rolle. Sie stimmten jedoch auch mit der energischen Liberalisierungspolitik der ägyptischen Wirtschaft unter Sadat durchaus überein. Bei vielen der vormaligen säkularen Muslime waren Ehrgeiz und der Wille zum wirtschaftlichen und sozialen Aufstieg tief verwurzelt. Sie fanden in der Muslimbruderschaft eine kaum korrumpierte, gut strukturierte Organisation vor. Als positiv bewerteten die neu hinzugekommenen Mitglieder, dass die Muslimbrüder ihre politischen Ansprüche noch nicht aufgegeben hatten. Ihr Ziel blieb weiterhin die Schaffung eines islamischen Staates, in dem das islamische Recht die Grundlage allen öffentlichen und politischen Lebens sein sollte. Ihre Methoden der Administration und der Gewinnung neuer Anhänger erscheinen in einem gewissen Sinne als durchaus modern und ähneln westlichen Modellen.

Lange Zeit konnte die Muslimbruderschaft jedoch nur in einer halboffiziellen Form agieren. Da das Organisationsverbot immer noch nicht aufgehoben war, blieben die Beziehungen der Muslimbrüder zu den staatlichen Institutionen weiterhin prekär. Die Bruderschaft wurde von den ägyptischen Sicherheitsbehörden überwacht. Immerhin erhielten Vertreter der Bruderschaft die Möglichkeit, wieder in der Öffentlichkeit aufzutreten und ihre Vorstellungen zu aktuellen Fragen der ägyptischen Gesellschaft oder der internationalen Politik des Landes in den mehr oder weniger offiziösen Zeitungen Kairos zu erläutern. Einzelne Politiker, von denen bekannt war, dass sie mit der Muslimbruderschaft verbunden waren, konnten sich seit 1984 erfolgreich um Abgeordnetenmandate des ägyptischen Parlaments bewerben. In der Mubarak-Ära eroberten sie 2005 sogar 20 Prozent der Parlamentssitze und konnten die stärkste Oppositionsgruppe bilden. Ihr Erfolg hing in dieser Zeit wohl mit ihrer pragmatischen Art, Politik zu gestalten, zusammen. Zwar forderten sie in ihren Wahlprogrammen weiterhin die Einführung der Scharia, bezogen sich dabei aber vorrangig auf die Förderung der Durchführung der religiösen Pflichten durch staatliche Institutionen und auf das Familienrecht, das ohnehin teilweise wie schon seit den Zeiten der Monarchie auf islamisch-rechtlichen Grundlagen beruhte. Zu Recht wiesen sie in allen anderen Fragen auf die hohe Flexibilität des islamischen Rechts hin. Noch erfolgreicher als bei den Parlamentswahlen agierten die Muslimbrüder aber in Studentenorganisationen und nicht zuletzt bei den Wahlen zu den Berufsverbänden von Rechtsanwälten, Naturwissenschaftlern, Ingenieuren und Ärzten. Die Muslimbrüder organisierten in Kooperation mit Gewerkschaften und Studentenorganisationen verschiedene zivilgesellschaftliche Einrichtungen. Dazu gehörten Krankenhäuser und Krankenstationen ebenso wie Beratungsstellen für Familienhilfe, Sozialhilfe usw. Bemerkenswert war gerade bei letzteren Einrichtungen, dass dabei weder auf die Zugehörigkeit zur Muslimbruderschaft geachtet wurde noch darauf, ob es sich bei den Rat- und Hilfesuchenden überhaupt um Muslime handelte. Auch Kopten konnten sich an diese Institutionen um Hilfe wenden. In den Beratungs- und Hilfseinrichtungen wurden Bedürftige auch kostenlos oder gegen einen kleinen Obolus behandelt. Die Qualität der Behandlung war im Unterschied zu staatlichen Einrichtungen gut.

Politisch hielten die Muslimbrüder in Ägypten Distanz zur offiziellen Politik. Auch zu den höchsten religiösen Autoritäten Ägyptens, den Scheichs der Azhar-Universität, dem Groß-Mufti und den mit diesen verbundenen religiösen Institutionen, die alle durch staatliche Mittel alimentiert werden, wahrten sie Abstand. Am 25. Januar 2011 brach in Kairo die Arabellion aus, an der sich die Muslimbrüder erst nach einigem Zögern beteiligten. Am 28. November 2011 begannen schließlich die Wahlen zum ägyptischen Parlament. Bei den Wahlkämpfen konnte die Muslimbruderschaft ihre Organisationskraft und ihre gute Verwurzelung in der Bevölkerung zu ihren Gunsten ausnutzen. Schlussendlich erreichten sie zusammen mit anderen islamistischen Parteien wie den ägyptischen Salafisten etwa 70 Prozent der abgegebenen Stimmen. Am 30. Juni 2012 wurde Mohammed Mursi (geb. 1951), der ehemalige Präsident der Muslimbrüder, der zuvor dieses Amt niedergelegt hatte, als Nachfolger von Husni Mubarak vereidigt. In der Dynamik der Geschehnisse der folgenden Zeit hatte Mursi kaum Gelegenheit, Hinweise auf seine politische Agenda zu verdeutlichen. Die liberalen Träger der Arabellion zogen sich zurück, das Militär gelangte wieder an die Macht. Nach einem Jahr wurde Präsident Mursi abgesetzt und der Oberkommandierende der ägyptischen Armee, Abd al-Fattah al-Sisi, am 8. Juni 2014 als dessen Nachfolger vereidigt.

In der Folge der Absetzung Mursis mussten sich die Muslimbrüder aus weiten Teilen des öffentlichen Lebens zurückziehen. Die Regierung von General al-Sisi ging mit drakonischen Mitteln gegen Mitglieder der Bruderschaft vor, denen Verstöße gegen die öffentliche Ordnung oder Straftaten vorgeworfen wurden. Gerichte in Oberägypten, aber auch in Kairo verurteilten in Schnellverfahren hunderte von Angeklagten zum Tode oder zu langjährigen Freiheitsstrafen. Die Verfahren sind bisher noch nicht rechtskräftig. Diese Entwicklung hat inzwischen zu einer Radikalisierung vor allem der jüngeren Mitglieder der Bruderschaft geführt. Bisher wirkt sich diese jedoch noch in Formen des öffentlichen Ungehorsams durch Demonstrationen mit Gewaltausbrüchen aus. Die ideologischen Differenzen zu den verschiedenen Formen des Salafismus sind jedoch noch so stark, dass ein Übergang zu terroristischen Aktionen derzeit nicht zu erwarten ist.

Die Muslimbruderschaft hatte in Jordanien und Syrien starke Ableger. Die jordanischen Muslimbrüder konnten sich in als Oppositionspartei etablieren. In Syrien versuchten sie 1982 einen Aufstand gegen das Asad-Regime und wurden in der Folge nahezu komplett ausgelöscht. Am erfolgreichsten waren die Lehren der Muslimbruderschaft in den Gebieten der palästinensischen Autonomie-Behörde. HAMAS (Akronym für ›Harakat al-muqâwama al-islâmiyya, Bewegung des islamischen Widerstands) ist aus der Muslimbruderschaft hervorgegangen. Sie regiert im Gaza-Streifen und ihr militärischer Flügel zwingt die israelische Politik immer wieder zu militärischen Aktionen. In einigen westeuropäischen Ländern gibt es kleine Gruppen von Muslimbrüdern, die vor allem aus arabischen Absolventen europäischer Universitäten bestehen. Sie publizieren Koran-Übersetzungen und -kommentare und beteiligen sich an interreligiösen Dialogforen. Schließlich weist das Parteiprogramm der türkischen AK-Partei des Präsidenten

Erdogan zahlreiche Parallelen zu denen der Muslimbruder-schaft auf.

## HAMAS als palästinensische Sonderform der Muslimbruderschaft

Nach dem ersten arabisch-israelischen Krieg von 1948 kam der Gaza-Streifen unter ägyptische Verwaltung. Bald entstand hier ein Zweig der Muslimbruderschaft, der unter direktem Einfluss der ägyptischen Mutterorganisation stand. Die Muslimbrüder im Westjordanland, das sich bis zum Juni-Krieg von 1967 unter jordanischer Kontrolle befand, wurden dagegen stark durch die Partnerorganisation in Jordanien geprägt. Auch nach der Besetzung des Gaza-Streifens und des Westjordanlandes durch israelische Truppen in der Folge des Juni-Kriegs entwickelten sich die beiden Organisationen unabhängig voneinander weiter. Dazu trug nicht zuletzt die Politik der israelischen Verwaltung bei, die vor allem die Organisationen der Muslimbruderschaft wenn nicht förderte, so doch gewähren ließ. Ziel dieser Politik war es, ein Gegengewicht gegen die säkularistisch eingestellte Palästinensische Befreiungsorganisation (PLO) zu schaffen, die aus israelischer Sicht als gefährlicher eingestuft wurde. Einflussreichste Persönlichkeit der Muslimbruderschaft im Gazastreifen war Scheich Ahmed Yasin (1931–2004), ein Mann mit ebenso großer Energie wie organisatorischer Begabung. Er gründete 1970 eine islamische Vereinigung, die in Flüchtlingslagern Zweigstellen einrichtete. Wie die Organisation in Ägypten konzentrierte Yasin sich in seiner politischen Arbeit auf Berufsverbände. Eine islamische Universität mit Fakultäten für islamisches Recht, aber auch für Ingenieurs-, Wirtschafts- und Geisteswissenschaften wurde 1978 gegründet, in der Yasin und seine Organisation eine wichtige Rolle spielten. Einfluss konnte er auch auf die Verwaltung der Frommen Stiftungen (Auqâf) gewinnen. In Konkurrenz zur PLO gründete Yasin zu Beginn der Intifada im Dezember 1987 die ›Haraka al-muqâwama al-islâmiyya‹ (Bewegung des islamischen Widerstands), die dann bald als HAMAS (arabisch für ›Eifer‹) bekannt wurde. Im Gegensatz zu den Muslimbrüdern in Ägypten hat HAMAS ihre militante und gewaltbereite Haltung beibehalten. Der systematische Einsatz von Selbstmordattentätern in Israel und den besetzten Gebieten bleibt weiterhin eine Form der Auseinandersetzung mit den israelischen Sicherheitskräften. Die Gruppe besteht aus drei verschiedenen Teilen. HAMAS tritt als politische Partei auf und regiert als solche den Gaza-Streifen, sie verfügt daneben in der Tradition der Muslimbruderschaft über eine Wohlfahrtsorganisation und hat schließlich einen militärischen Zweig, die Qassam-Brigaden.

Im Januar 2006 beteiligte sich HAMAS an Parlamentswahlen in den palästinensischen Gebieten und konnte im Gaza-Streifen 44 Prozent der Stimmen auf sich vereinigen. In einer kurzen, aber heftigen Auseinandersetzung mit den Vertretern der PLO konnte HAMAS die Macht im Gaza-Streifen übernehmen, die sie trotz sich verstärkender Kritik an ihrer Politik bis heute innehat. Ihre Politik zielt einerseits auf eine Islamisierung der Bevölkerung des Gaza-Streifens, mittelfristig auch auf eine Übernahme der politischen Kontrolle der palästinensischen Gebiete auf der Westbank, vor allem aber auf die Vernichtung des Staates Israel. Dies wird in ihrer 1988 publizierten Charta deutlich, in deren erstem Artikel Palästina als »heiliges, unveräußerliches Stiftungsland (Waqf)« bezeichnet wird. Damit verwendet HAMAS den Begriff des islamischen Rechts für ›Fromme Stiftung‹ in einem völlig neuen Sinn. Mit dieser Formulierung erscheint jede Form von Verhandlungen oder der Zusammenarbeit mit israelischen Behörden und staatlichen Einrichtungen ausgeschlossen. In der täglichen politischen Praxis lässt sich eine solche Position nicht durchhalten. Aber HAMAS hat immer wieder durch militärische Aktionen gegen Israel entsprechende Gegenreaktionen provoziert, die lange Zeit ihre Position innerhalb der Bevölkerung des Gaza-Streifens stärkten. Seit den schweren Auseinandersetzungen des Sommers 2014 mit den umfänglichen Zerstörungen im Gaza-Streifen durch israelische Luftangriffe und Panzerbeschuss erwarten manche Beobachter, dass sich Teile der Bevölkerung von HAMAS abwenden.

## Die Bedeutung der Muslimbruderschaft im internationalen Kontext

Nach ihrem Selbstverständnis hatte die Muslimbruderschaft seit ihrer Gründung den Anspruch, ihre Überzeugungen und ihr Verständnis vom wahren Islam über den nationalen ägyptischen Rahmen hinaus zu verbreiten. Das gelang ihr in den 1940er und 1950er Jahren in Jordanien und Syrien. In Ansätzen war das auch in diesen Jahren im Irak, wo es eine schiitische Bevölkerungsmehrheit gibt, der

Fall. Da die ägyptisch geprägte Führung der Bruderschaft keine grundlegenden Überlegungen ihres Verhältnisses zum schiitischen Islam entwickelt hatte, war ihre Verankerung in der Bevölkerung eher gering. Für die sunnitischen Muslime im Irak standen Fragen des Zusammenlebens mit ihren schiitischen Nachbarn aber im Vordergrund des Interesses. Die lange Herrschaft der Baath-Partei im Irak tat ein Übriges, dass die Muslimbruderschaft kaum eine Rolle spielen konnte.

Während der Verfolgungen der Muslimbruderschaft in Ägypten und Syrien ging eine Reihe ihrer Anhänger nach Saudi-Arabien ins Exil. Wegen ihrer guten Ausbildung wurden sie dort gerne im Erziehungsbereich eingestellt. Nach einer gewissen Zeit, häufig erst nach Jahren, stellten die saudischen Behörden fest, dass die Vorstellungen der Muslimbrüder mit denen des wahhabitischen Islams in verschiedenen Punkten nicht übereinstimmten. Dabei kollidierten die Auffassungen nicht zuletzt bei grundsätzlichen Fragen der Religion wie den Interpretationsmethoden für den Koran und den Prophetentraditionen. Die exilierten Muslimbrüder ihrerseits fanden manches, was sie an den religiösen und politischen Verhältnissen des Königreichs zu kritisieren hatten. Daher ergab sich mit der Zeit eine Abkühlung der Beziehungen, die inzwischen zu einer scharfen gegenseitigen Ablehnung geführt hat. Die Wurzeln dieser Konkurrenz liegen in den verschiedenen Formen des Islamismus der Muslimbrüder und der wahhabitischen Version des Islams begründet. In den aktuellen politischen Auseinandersetzungen zwischen den verschiedenen Staaten auf der Arabischen Halbinsel, die ja eigentlich im Golf-Kooperationsrat zusammenarbeiten, wird die Muslimbruderschaft für das Konkurrenzverhalten zwischen Qatar auf der einen und Saudi-Arabien und den Vereinigten Arabischen Emiraten auf der anderen Seite verantwortlich gemacht.

Schließlich muss noch darauf hingewiesen werden, dass zwischen der AK-Partei (Adelet ve Kalkinma Partisi, Partei für Gerechtigkeit und Entwicklung) von Recep Tayyip Erdogan in der Türkei und der Muslimbruderschaft gute Beziehungen bestehen. Grundlage dafür sind die gemeinsamen Vorstellungen der besonderen Rolle, die der Islam in einer von Muslimen getragenen Gesellschaft einzunehmen hat. Beide sind gemeinsam der Auffassung, dass eine vom Islam geprägte Gesellschaftsform aber auch einen flexiblen Umgang mit vielen Erscheinungen der Moderne beinhalten sollte. Gemeinsam ist beiden Gruppen auch die Forderung nach Privateigentum und einer liberalen Wirtschaftspolitik. Dennoch bleiben, nicht zuletzt angesichts der langen laizistischen Tradition der Türkei und der kulturellen Unterschiede zwischen der Türkei und Ägypten, weiter bestehen. Nach der Feststellung verschiedener Beobachter ist die Türkei neben Qatar derzeit der wichtigste Geldgeber für die Muslimbruderschaft.

Kleinere Sektionen der Muslimbruderschaft finden sich auch in Westeuropa. Ihre Mitgliedschaft rekrutierte sich vor allem aus Studenten aus Staaten des Nahen Ostens, in denen die Muslimbruderschaft unterdrückt wurde. Die europäischen Gruppen pflegten einen gewissen elitären Charakter. Mit Hilfe von eigenen Mitteln und durch Spenden aus den wohlhabenden Golf-Staaten konnten sie ihre eigenen Zentren etablieren. Als Beispiel sei auf die entsprechenden deutschen Einrichtungen in München und Aachen hingewiesen. Das Münchener Zentrum stand zunächst in einem engen Kontakt mit der ägyptischen Bruderschaft, das in Aachen mit der syrischen. Diese regionalen Zuordnungen waren aber eher zufällig. Beide Einrichtungen betreiben eine erfolgreiche Öffentlichkeitsarbeit, initiieren Übersetzungen wichtiger muslimischer Texte wie des Korans und der Prophetentraditionen und arbeiten in verschiedenen Dialogforen mit. Vergleichbare Institutionen gibt es auch in Frankreich, Italien, den Niederlanden, Belgien, Schweden und in Großbritannien. In einigen westeuropäischen Staaten wie in Deutschland wird die Muslimbruderschaft von den Sicherheitsbehörden kritisch beobachtet. In anderen wird sie dagegen wegen ihrer gut funktionierenden Organisationsstruktur als einer der Ansprechpartner von Regierungen und Parteien akzeptiert.

# Die Ideen hinter der Gewaltentwicklung

*Das Beispiel Ägypten*

Die letzen vier Wochen der Regierungs- und Lebenszeit des ägyptischen Präsidenten Anwar al-Sadat waren gekennzeichnet von dem Versuch, durch eine groß angelegte Verhaftungsaktion die innenpolitischen Gegner des Regimes auszuschalten. Waren es auch zunächst persönliche Gegner des Präsidenten und Mitglieder linker Gruppierungen, so richtete sich die Welle der Festnahmen doch in erster Linie gegen radikale islamistische Bewegungen. Diese religiös orientierten, in der Regel jüngeren Personen machten die überwiegende Zahl der Verhafteten aus. Nach al-Sadats eigenen Angaben waren bei 1194 der 1527 Festgenommenen deren radikale religiöse Aktivitäten, wie Zusammenkünfte zu gemeinsamem Gebet und radikalen Predigten, Verbreitung von radikal islamistischem Propagandamaterial, Unterstützung von gesuchten Glaubensbrüdern etc. der Grund der Verhaftung. Festgestellt wurde, dass es sich um verschiedene Gruppen handelte. Genannt wurden u. a. Namen wie *Amr bi-l-Ma'rûf wa-l-nahi 'an al-Munkar* (Das Gute befehlen und das Böse verhindern), *Al-Dschihâd, Tawaqquf wa Tabayyun* (Halt und Erklärung), *al-Dscham'iyya al-Shar'iyya* (Gesetzesgemeinschaft) und eine Gruppe, benannt nach dem radikalen Theoretiker Sayyid Qutb *al-Qutbiyûn*. All diese Gruppen, die sich in ihren ideologischen Vorstellungen in der Regel nur in Nuancen unterscheiden, wurden in der ägyptischen Presse später unter dem dem Sammelbegriff der ›Dschama'ât‹ (Gruppen) zusammengefasst.

Unter den ägyptischen Radikalen befanden sich 467 Personen, die einer Gruppe mit dem Namen *al-Takfîr wa-l-higra* (Für heidnisch Erklären und Auswandern) angehört hatten. Diese Gruppe hatte im Jahr 1977 durch Entführungen und Bombenattentate auf sich aufmerksam gemacht. Der Name der Gruppe ist zugleich Programm und kann daher als Beispiel für die ›alten Terroristen‹ in der islamischen Welt insgesamt dienen. Der Gruppe gehörten junge Männer, aber auch Frauen an, die ihrer sozialen Herkunft nach der unteren Mittelschicht zuzurechnen waren. In den meisten Fällen hatten sie ein technisches oder naturwissenschaftliches Studium betrieben, das aber nicht alle zu einem erfolgreichen Abschluss gebracht hatten. In der Regel gehörten sie zu dem großen Heer der ägyptischen Arbeitslosen oder Unterbeschäftigten. Zu der Frustration infolge ihrer beruflichen Situation kamen die damit zusammenhängenden Probleme im persönlichen Bereich. Vor allem die jungen Männer klagten darüber, dass sie keine passende Frau finden konnten. Sie führten dies auf die allgemeine Sittenlosigkeit in Ägypten zurück. Sie stießen sich an der Art des Auftretens von Frauen in der Öffentlichkeit, wobei sie auch das Verhalten ihrer Kommilitoninnen an der Universität kritisierten. Vor allem die Massenmedien waren für sie Ziel verbaler Angriffe. Fernsehprogramme wie die amerikanische Fortsetzungsserie »Dallas« stufte man als islamischen Moralvorstellungen schädliche, die Menschen verderbende Scheußlichkeit ein. Die daraus resultierenden moralischen Verfallserscheinungen, so die jungen Islamisten, machten es einem jungen Muslim fast unmöglich, ein anständiges muslimisches Mädchen für die Heirat zu finden. Wir haben es hier also beispielhaft mit der islamistischen Erklärung für ein tatsächlich vorhandenes soziales Problem in Ägypten und anderen islamischen Ländern zu tun. Aus einer Reihe von Gründen gibt es in diesen Ländern einen Männerüberschuss, der dazu führt, dass die vom islamischen Recht vorgeschriebenen Brautgelder Höhen erreicht haben, die auch von Heiratswilligen aus wohlhabenderen Familien nicht mehr ohne weiteres bezahlt werden können. Andere Probleme aus dem sozialen Bereich wie Arbeitslosigkeit, Wohnungsnot, schlechte medizinische Versorgung usw., die das Leben weiter Schichten der ägyptischen Bevölkerung kaum erträglich machen, wurden zumindest in den staatsnahen oder der Zensur unterworfenen ägyptischen Medien nicht angesprochen, spielten aber natürlich ebenfalls eine Rolle bei der Entstehung einer allgemeinen Unzufriedenheit und Abneigung gegenüber den etablierten Kräften des Landes.

Doch die Kritik der jungen Extremisten ging darüber hinaus. Sie stellten fest, dass die Medien sich zu viel mit nebensächlichen Themen wie z. B. Sport beschäftigten und zu wenig mit religiösen Fragen; all dies seien nur Hinweise dafür, dass Ägypten ein Land sei, in dem die gesellschaftliche und politische Praxis nicht mit den Vorschriften des Islams in Übereinstimmung stünden. Dies lasse sich leicht auch am Beispiel der Wirtschaft feststellen, wo ständig gegen das Zinsverbot des Korans verstoßen werde. Zu den Vorwürfen gehörten auch Nebensächlichkeiten wie die Tatsache, dass der ägyptische Staat den Verkauf von den Muslimen verbotenen Genussmitteln wie Alkohol nicht nur nicht verbiete, sondern den Handel darüber hinaus auch noch selbst betreibe. All dies und noch manches andere reichte diesen jungen Islamisten als Beweis, dass Ägypten kein islamischer, sondern ein »heidnischer« Staat sei, dem Muslime keine Loyalität schuldeten. Daher stammt der erste Teil des Namens der Gruppe. *Takfîr* bedeutet, dass jemand zum »Heiden« erklärt wird. Angesichts der besonderen Bedeutung, die das Beispiel des Propheten Muhammad für alle Muslime hat, glaubten auch die Mitglieder der Gruppe *al-Takfîr wal-l-Higra,* auf Muhammads Leben Bezug nehmen zu müssen. Sie stellten fest, dass der Prophet seine heidnische Heimatstadt Mekka verlassen hatte, als er bemerken musste, dass er dort seinen Glauben nicht so leben konnte, wie es den Vorschriften Gottes entsprach. Diese *Hidschra (*in ägyptischer Aussprache: *Higra)* vollzogen nun auch diese Radikalen. Sie brachen die Beziehungen zu ihren Familien und ihrem gesamten gesellschaftlichen Umfeld ab und zogen sich in Wüstengebiete westlich des Niltals zurück, wo sie einen »islamischen Staat« etablierten. Wie der Prophet, der alsbald nach seiner Auswanderung den Dschihâd gegen seine heidnische Vaterstadt aufgenommen hatte, begannen die Mitglieder von *al-Takfîr wa-l-Higra* nun ebenfalls mit einem Dschihâd, der sich gegen den ägyptischen Staat richtete. Man griff Kasernen und Kadettenschulen in Ägypten an und entführte einen ägyptischen Minister, der dabei unter ungeklärten Umständen ums Leben kam. Die Gruppe, in der es recht bald auch zu Aufspaltungstendenzen gekommen war, konnte von den Sicherheitsbehörden des Landes zerschlagen werden. Ihre Gedanken und Vorstellungen wurden jedoch in der ägyptischen Öffentlichkeit bekannt und wurden lebhaft und kontrovers diskutiert. Diese Diskussionen sollten offensichtlich einen pädagogischen Zweck erfüllen. Dem Regime von Anwar al-Sadat war durchaus bewusst, dass man die Vorstellungen der Gruppe nicht totschweigen oder unterdrücken konnte. Es war deshalb Ziel einer Aufklärungskampagne, der Bevölkerung, vor allem aber der jungen Generation, zu verdeutlichen, dass die Ideen von *al-Takfīr wa-l-Hiġra* nichts mit dem Islam zu tun hätten. Die Verlautbarungen der Regierung wiesen darauf hin, dass man nicht Generationen von jungen Menschen an eine verbrecherische Ideologie verlieren wolle, und sprachen von einer großen pädagogischen Aufgabe. In diese Kampagne wurden vor allem religiöse Autoritäten des Landes eingebunden. Diese mussten sich durch die Ideen des Führers der Gruppe, Mustafa Shukri, besonders herausgefordert fühlen. Dieser hatte dem religiösen Establishment in Bausch und Bogen die Existenzberechtigung abgesprochen, indem er feststellte: »Wir akzeptieren nicht die Worte, die den Zeitgenossen des Propheten zugesprochen werden, oder die Meinungen derjenigen, die sich im islamischen Recht auskennen oder den Konsens der Gelehrten oder andere Götzen wie den Analogieschluss. Wie kann denn das Wort eines Menschen die Quelle für die göttliche Rechtleitung sein?« Die Religionsgelehrten kündigten daraufhin an, alle Anstrengungen zu unternehmen, stärker auf die Alltagsprobleme der Muslime in Ägypten einzugehen. In der Tat hat die Zahl der Veröffentlichungen von *Fatwas*, die sich mit Fragen wie künstlicher Befruchtung, Versicherungswesen, ja selbst mit Modefragen befassten, seit den 70er Jahren erheblich zugenommen. Zunächst konnten die islamistischen Gruppen in Ägypten jedoch nicht zurückgedrängt werden. Im Jahr 1981 fiel Präsident Sadat selbst dem Anschlag eines islamistischen Täters zum Opfer. Seit dem Beginn der 90er Jahre ist es den äygptischen Sicherheitskräften jedoch nach und nach gelungen, den islamistischen Terrorismus zurückzudrängen. Dazu musste allerdings ein hoher personeller und materieller Aufwand getrieben werden. Angesichts des erheblichen Fahndungsdrucks sind etliche Aktivisten der Terrorgruppen ins westliche Exil, in den benachbarten Sudan, vor allem aber nach Afghanistan ausgewichen, wo sie sich u. a. der Organisation Bin Ladens anschlossen. Auch dies zeigt: Der Konflikt innerhalb eines Staates blieb nicht auf diesen selbst beschränkt und bestimmt in der Folge bis heute die aktuelle Weltsituation mit.

## Der Glaube der Dschihâdisten

Die ausführlich formulierten Motive der Tätergruppe des Attentats auf Anwar al-Sadat wurden in der internationalen Öffentlichkeit bekannt. Man kann davon ausgehen, dass der Text, möglicherweise in unterschiedlichen Versionen verbreitet, auch in islamistischen Kreisen in der ganzen Welt diskutiert worden ist. Für viele Radikale wurde er zu einem zentralen Dokument ihrer Überzeugungen. Zumindest zu den geistigen Vätern dieser Texte zählte auch Ayman al-Zawâhirî, der zu den engsten Mitarbeitern von Usama bin Laden gehörte. Die Verlautbarungen, die unter dem Namen *al-Farîda al-ghâ'iba* (Die vernachlässigte Glaubenspflicht) bekannt sind, bieten auch nach 30 Jahren ein sehr genaues Bild von den Überzeugungen der islamistischen Terroristen. Darum soll an dieser Stelle ausführlich darauf eingegangen werden.

In einem ersten Kapitel beklagen die Verfasser, dass die Glaubenspflicht des Dschihâd unter den Muslimen mehr und mehr in Vergessenheit geraten sei. Dazu hätten zahlreiche Religionsgelehrte beigetragen, die z. B. das Studium und die Suche nach Wissen als Dschihâd bezeichnet hätten. Dabei gebe es doch zahlreiche Prophetenüberlieferungen, nach denen die heidnischen Götzen nur durch den militanten Dschihâd zerstört werden könnten. Die Götzen des 20. Jahrhunderts seien die Herrscher und Regierungen dieser Zeit. Die Schaffung eines islamischen Staates sei notwendig. Auch dazu wird auf die entsprechenden Aussprüche des Propheten verwiesen. So wird berichtet, dass ein Mann sich in Gegenwart des Propheten zum Islam bekannt habe, dann in die Schlacht gezogen und dabei sogleich getötet worden sei. Der Prophet habe darauf gesagt: »Seine guten Taten sind nicht zahlreich, aber seine Belohnung ist groß.« Die Autoren der *Farîda* meinen, jeder solle das für den Islam tun, wozu er geeignet sei: Wer beten könne, müsse beten, wer fasten könne, müsse fasten. Ungesagt bleibt, dass der, der kämpfen könne, kämpfen müsse. Im Übrigen ist eine hier vorgetragene Tradition von besonderem Interesse, nach der der Prophet die Eroberung von Konstantinopel und Rom durch muslimische Heere vorausgesagt habe. Der Kommentar der Verfasser dazu ist kurz und bündig: »Die Eroberung von Konstantinopel ereignete sich mehr als 800 Jahre nach der Voraussage des Propheten, also wird auch die Eroberung von Rom stattfinden.« Die Notwendigkeit der Bildung des einen wahrhaft islamischen Staates werde von etlichen Muslimen bestritten, obwohl der Koran selbst dies an verschiedenen Stellen vorschreibe. Darüber hinaus wird festgestellt: »Wenn die religiösen Pflichten des Islams nicht vollständig erfüllt werden können ohne die Unterstützung eines islamischen Staates, dann ist es eine religiöse Verpflichtung, einen solchen Staat zu errichten. Wenn solch ein Staat nicht ohne Krieg errichtet werden kann, dann ist auch dies religiöse Verpflichtung für den Muslim.« Wie schon frühere Gruppen sind auch die Verfasser der *Farîda* der Ansicht, dass Ägypten kein islamischer Staat ist. Sie gehen aber noch einen Schritt weiter: Sie stellen nämlich fest, dass die Herrschenden in diesem Staat keine Muslime sind, obwohl sie über Muslime herrschen. Ihnen wird zwar nicht abgesprochen, dass sie als Muslime geboren wurden; aber sie werden als Apostaten angesehen, d. h. als Menschen, die vom Islam abgefallen sind und daher mit dem Tod bestraft werden müssen. Beweise für die Apostasie sind aus der Sicht der Islamisten, dass die Regierung mit den »Kreuzfahrern« (ein verächtlicher Ausdruck für den »Westen«) sowie mit Zionisten und Kommunisten zusammengearbeitet habe. Die Autoren kommen zu dem Fazit: »Sie (Sadat und seine Anhänger) haben nichts vom Islam außer dem Namen in sich aufgenommen, auch wenn sie beten, fasten oder so tun, als ob sie Muslime seien.« Während im Mittelalter Muslime zeitweise gezwungen waren, unter mongolischem Gesetz zu leben, ginge es den Muslimen im 20. Jahrhundert noch schlechter. Das mongolische Gesetz sei eine Mischung aus mongolischem, jüdischem, christlichem und muslimischem Recht gewesen. »Es ist kein Zweifel, dass das mongolische Gesetz weniger sündhaft war als die Gesetze, die der Westen Ländern wie Ägypten aufgezwungen hat, Gesetze, die keine Beziehung zum Islam oder zu einer anderen offenbarten Religion haben.« Den Autoren der *Farîda* waren selbstverständlich die Gegenargumente geläufig, die zu belegen suchten, dass Ägypten trotz allem ein islamischer Staat sei. Sie gehen daher auf diese Argumente ausführlich ein. Sie geben zu, dass es in Ägypten häufige und tiefe Frömmigkeit gebe, dass karitative islamische Organisationen tätig seien oder dass es die Möglichkeit einer religiösen Erziehung gebe. Gemäßigte Muslime sind der Meinung, dass sich die unzweifelhaften Probleme der islamischen Welt dann auflösen würden, wenn die Muslime sich im privaten Leben den Vorschriften des Islams entsprechend verhielten. Die Antwort macht deutlich, dass den Verfassern der *Farîda* Formen privater Frömmigkeit und Erfüllung der üblichen Glaubenspflichten weniger wichtig erscheinen als die Pflicht zum Dschihâd, die sie zur höchsten Pflicht der Muslime stilisieren. Wer dieser Pflicht nachkommt, ist der wahre Muslim. (Um die Aktualität dieser Haltung deutlich zu machen, sei darauf hingewiesen, dass die Attentäter von New York am Abend vor ihrer Tat in einer Bar größere Mengen Alkohol zu sich genommen haben sollen. Solche »kleinen Sünden« stellen aus der Sicht der Muslime, die den Dschihâd in den Mittelpunkt ihrer Religion stellen – man könnte sie als Dschihâdisten bezeichnen –, nur geringe Verfehlungen dar, die durch den Opfertod gesühnt werden.) Auf das Argument der Bedeutung von Erziehung für einen guten

Muslim gehen die Autoren zunächst nicht ein. Auch andere radikale Muslime haben die im Islam stets betonte Bedeutung von »Wissen« in der Regel nicht zur Kenntnis genommen. Erst später stellen sie fest, dass die Suche nach Wissen eine religiöse Pflicht des Muslims sei. Wie er aber bei der Suche nach Wissen nicht das Gebet oder Fasten vernachlässigen dürfe, so dürfe er auch die Verpflichtung zum Dschihâd nicht unbeachtet lassen.

Nun haben sich in verschiedenen islamischen Ländern islamische, ja islamistische politische Parteien gebildet, die auf legale und friedliche Weise versuchen, der Errichtung eines islamischen Staates näherzukommen. Einige von ihnen sind nur halb-legal wie die ›Muslimbrüder‹ in Ägypten, andere legal wie die *Dscham'iyyat-i Ulama'-i Islami* in Pakistan. Von Vertretern solcher Parteien wird immer wieder auch darauf hingewiesen, dass Muslime ihr Bestes tun sollten, um einflussreiche Positionen in der Gesellschaft zu erlangen. Die Argumentation: Wenn es mehr muslimische Ärzte, Rechtsanwälte oder Professoren geben würde, dann würde das bestehende Regime von allein zu Grunde gehen und ein islamischer Staat entstehen. Zwar geben die Dschihâdisten im Blick auf eine solche Argumentation zu, dass dies besser sei, als gar nichts zu tun, sie weisen aber auf die Gefahr hin, dass die Parteipolitiker von islamischen Parteien gezwungen sein könnten, auch Gesetzen zuzustimmen, die als nicht-islamisch zu betrachten seien. Vor allem aber würden sie mehr und mehr dem politischen Spiel verfallen und den Islam vergessen. Sie würden zu Opportunisten, die nur noch für ihre Posten kämpften. Eine evolutionäre Entwicklung – auch durch Propaganda und Missionierung –

hin zu einem islamischen Staat wird von den Dschihâdisten für unmöglich gehalten, weil sie der Meinung sind, dass dieser nur von einer Minderheit gegründet werden könne. Dabei beziehen sie sich auf eine Stelle im Koran, wo davon die Rede ist, dass sich nur wenige Gott gegenüber als dankbar erweisen. Die aus diesen Äußerungen deutlich werdenden elitären Vorstellungen müssen ebenfalls als typisch für radikale Gruppen im Allgemeinen konstatiert werden. Man kann davon ausgehen, dass u. a. die damit verbundene Exklusivität verhindert hat, dass eine breitere Basis für die Dschihâdisten entstehen konnte.

Die Frage der islamischen Mission beschäftigt die Dschihâdisten besonders. Dabei werden einige weitere interessante Vorstellungen deutlich. Nach der Mehrheit der islamischen Gelehrten kann das islamische Recht nur bei Muslimen Anwendung finden. Daher müsse man dafür sorgen, dass alle Menschen in einem Land Muslime werden und dann die Einführung des islamischen Rechts durchsetzen. Anders die Dschihâdisten: Da gegenwärtig heidnische Gesetze auf Muslime und Heiden in gleicher Weise angewandt werden, sollte in einem islamischen Staat das islamische Recht auf Muslime wie auf Heiden angewendet werden, zumal das islamische Recht ja Gerechtigkeit in jeder Hinsicht bedeute.

Die Dschihâdisten lehnen auch die *Higra*-Strategien ab, wie sie die Gruppe *al-Takfir wa-l-Higra* verfolgt hat. Sie nennen den Rückzug in unbewohnte Gebiete lächerlich, vor allem aber nicht effektiv. Das *Higra*-Konzept hat aber – so paradox es klingt – eine größere Realitätsnähe: Die Vertreter dieser Position waren sich offenbar bewusst, dass sie kaum in der Lage sein würden, ganz Ägypten unter ihre

Kontrolle zu bringen. Mit der Gründung einer kleinen Gemeinschaft außerhalb des gesellschaftlichen und politischen Kontextes in Ägypten haben sie immerhin einen praktischen Ansatz zur Realisierung ihrer Utopien entwickelt. Besonders konkret sind dagegen die Überlegungen der Dschihâdisten in der Frage der Umsetzung ihrer Ziele nicht. Nach allem, was bekannt ist, haben sie keine konkreten Pläne oder gar Vorbereitungen für den Aufbau eines islamischen Staates entwickelt. Sie waren offenbar der Meinung, dass Gott nach dem erfolgreichen Attentat auf den ägyptischen Präsidenten direkt eingreifen werde, um für die Durchsetzung seines Willens, also der Errichtung des islamischen Idealstaates, zu sorgen.

Ein anderer wichtiger Diskussionspunkt in der *Farîda* der Sadat-Attentäter ist die Frage nach der Führung im Dschihâd. Es hatte zumindest einige Gegner der Dschihâdisten gegeben, die den bewaffneten Kampf mit dem Hinweis abgelehnt hatten, dass es keinen Kalifen gebe, der allein den Dschihâd ausrufen dürfe. Dagegen wird festgestellt, dass der Prophet einmal gesagt habe: »Wenn drei von euch ausrücken, macht einen von ihnen zum Führer.« Führer solle also immer der Kompetenteste sein, und zwar kompetent in seiner Religion, aber auch in der Kriegsführung. Die übrigen Mitglieder einer derartigen Kampfgruppe sollten sich dem Führer durch einen heiligen Eid verpflichten. Man kann davon ausgehen, dass die Entwicklung von terroristischen Netzwerken, wie man sie hinter den Attentaten vom 11. September 2001 vermutet, dieses Führungskonzept zur Grundlage haben.

Die Belohnung für den Opfertod im Kampf durch den unmittelbaren Eingang ins Paradies ist hinlänglich beschrieben worden. Die Dschihâdisten der *Farîda* fügen hier einen interessanten Gedanken an. Sie geben zu, dass die Vorstellung des Glücks im Jenseits gerade für jene eine besondere Anziehungskraft besitze, die im Diesseits keine weiteren Hoffnungen auf Glück oder auch nur Zufriedenheit haben. Die Tatsache, dass in der Vergangenheit die Pflicht des Dschihâd von Gelehrten und anderen nicht ernst genommen und daher auch nicht propagiert worden sei, habe die ärmeren Muslime also der Möglichkeit des Glücks im Jenseits beraubt.

In der Folge gehen die Verfasser der *Farîda* auf eine Reihe von rechtlichen, aber auch ethischen Problemen im Zusammenhang mit der praktischen Durchführung des Dschihâd ein. So sind sie der Meinung, dass man im Dschihâd unter bestimmten Umständen auch Glaubensbrüder töten dürfe. So sei es möglich, gegen ein Heer zu kämpfen, das zumindest teilweise aus Muslimen besteht. Die Dschihâdisten können sich bei der Beantwortung dieser Frage auf mittelalterliche Religionsgelehrte berufen, die festgestellt hatten, dass es Muslimen erlaubt sei, gegen Heere zu kämpfen, in deren Reihen sich auch Muslime befänden. Daher brauchen sie sich über diese Frage keine weiteren Gedanken machen. Auch die Frage, welche Waffen oder welche Taktik man im Dschihâd benutzen dürfe, stellt kein größeres Problem dar. Im Dschihâd darf man nach Meinung der Dschihâdisten zu jeder Form von Kriegslisten und Täuschungen greifen, es sei denn, man hat zuvor einen Waffenstillstandsvertrag mit den

Gegnern abgeschlossen. »Es ist aber allgemein bekannt, dass zwischen uns und ihnen (hier die ägyptische Regierung) keine solchen Vereinbarungen bestehen. Es ist selbstverständlich gestattet, aus religiösen Gründen zu lügen, wenn dadurch der Sache des Islams gedient ist. Dies gilt natürlich auch für die Unterhaltungen mit Spionen des Feindes oder für Verhöre.« Da weder im Koran noch in den Prophetentraditionen Vorschriften bezüglich der Strategien oder Gefechtstaktik bestehen, fühlen sich die Dschihâdisten frei in der Wahl der strategischen und der taktischen Mittel.

Von Bedeutung ist auch die Frage, ob Muslime in einem heidnischen Heer Dienst tun dürfen. Im ägyptischen Kontext war das sicher ein Problem, da radikale Islamisten als einfache Soldaten und Offiziere in der Armee des Landes dienten. Es ist nicht ausgeschlossen, dass viele von ihnen daran dachten, aus religiösen Gründen Fahnenflucht zu begehen, weil sie sich als isoliert, frustriert und nutzlos empfanden. Die *Farîda* ermahnt sie, auf ihren Posten zu verweilen, auch wenn sie nicht wüssten, warum sie bleiben sollten, oder wenn dieses Bleiben zu ihrem eigenen Tod führen würde.

Ein anderer Punkt, der behandelt wird, ist die Frage, ob man im Dschihâd den Feind ohne Warnung angreifen dürfte. Die Relevanz dieser Frage ist offensichtlich. Das islamische Recht hält es für »empfehlenswert«, den Feind zu warnen. Es ist aber nicht obligatorisch. Die Dschihâdisten schließen daraus, dass die Gegner auch ohne Warnung angegriffen werden dürfen. Ein besonderes Problem stellt auch die Frage dar, inwieweit Kinder oder andere Unschuldige durch die Angriffe der Dschihâdisten in Mitleidenschaft gezogen werden dürften. Die Dschihâdisten können sich dabei auf eine Prophetentradition beziehen, die besagt, dass die Kinder von Heiden den gleichen Regeln unterworfen sind wie die heidnischen Väter. Mit anderen Worten: Auf Unschuldige muss keine Rücksicht genommen werden. Allerdings sollten Frauen nicht angegriffen werden. Dies steht im Widerspruch zu den voraufgehenden Feststellungen, ist auch nur schwer nachzuvollziehen, muss aber zunächst zur Kenntnis genommen werden.

Besondere Bedeutung hat für die Autoren der *Farîda* auch die Frage der Auswahl der Aktivisten. Auch hier wird wieder das Elitebewusstsein der Dschihâdisten deutlich. Mehrfach wird darauf hingewiesen, dass man höchste Sorgfalt dabei walten lassen müsse. Niemand sollte vor allem für Führungspositionen ausgewählt werden, der eitel ist und gerne von anderen bewundert wird. Bei diesen Menschen bestehe zu sehr die Gefahr, dass sie die eigenen Männer schädigen und der Sache des Islams Schaden zufügen.

Die Ideologie der *Gamaʿât islamiyya,* wie sie sich in der *Farîda* darstellt, ist (noch) kein vollständiges System. Vor allem fehlen ihr die Praxisbezüge über den Bereich des Dschihâd hinaus. Sie ist eklektizistisch, indem sie von den verschiedensten islamischen Rechtsgelehrten des Mittelalters Gedanken und Argumentationslinien borgt, andere Äußerungen der gleichen Personengruppe aber aus unterschiedlichen Gründen strikt ablehnt. Dies geschieht immer dann, wenn die Haltung der mittelalterlichen Gelehrten nicht in das allgemeine, einseitige Konzept der Dschihâdisten einzufügen ist. Hierin liegt wahrscheinlich auch die

Attraktivität der Ideologie der *Farîda* für junge, religiös nicht ausgebildete, aber auf der Suche befindliche junge Menschen, die sich von dem propagierten Aktionismus des Dschihâd besonders angezogen fühlen. Auffällig ist das Fehlen jeglicher Form weitergehender Konzepte für die Ausgestaltung eines konkreten islamischen Staates. Die Frage, wie dieser Staat mit anderen Staaten der Welt umgehen wird, bleibt offen. Vielleicht soll der islamische Staat die gesamte Welt umfassen? In der *Farîda* findet sich auch dazu keine Antwort. Der politische Charakter dieser Vorstellungen ist mit westlichen Politikprogrammen natürlich nicht zu vergleichen. Wenn die Dschihâdisten von einer Situation ausgehen, die durch das Eingreifen Gottes zur Vollendung geführt wird – und nach allem, was wir wissen, ist das ihre Hoffnung –, dann haben wir es mit einer gerade in ihrer unpolitischen Formulierung paradoxerweise politischen und gerade wegen ihrer nicht berechenbaren Heilserwartung auch politisch brisanten Bewegung zu tun, die sich in ihrer Grundhaltung durchaus mit den *Mahdi*-Erwartungen des antikolonialen Kampfes vergleichen lässt.

### Andere radikale Islamisten

Wie die ägyptischen Islamisten können auch weitere Gruppen zu den »alten Terroristen« gezählt werden. Zu nennen wären hier Gruppen wie die *Hizballah* (*Hizbollah*) im Libanon oder die erwähnte HAMAS in Palästina. Die Gruppe der *Hizballah* (Partei Gottes) im Sinne der oben gegebenen Definition als Terrorgruppe zu bezeichnen, ist – auch wenn sie politisch motivierte Terroranschläge verübt – formal nicht ganz richtig, weil sie über weit entwickelte, offene, quasi-militärische und politische Strukturen verfügt. Sie stellt eine der wichtigsten Organisationen der Schiiten im Libanon dar. Ihr Mentor war lange Jahre Scheich Muhammad Husain Fadlallah, der in Najaf im Irak ausgebildet worden war und in der Tradition der ›Revolution von 1920‹ steht. Im Jahr 1985 machte *Hizballah* seine Ziele deutlich. In einem Manifest heißt es: »Wir ziehen in die Schlacht gegen das Böse in seinen eigentlichen Wurzeln. Die erste Wurzel des Übels ist Amerika.« Seine Operationen vollzogen sich auf drei Ebenen, einer offiziellen, einer halb-geheimen und einer geheimen Ebene. Offiziell predigten die Vertreter der ›Partei Gottes‹ den Widerstand gegen die Feinde des Islams und unterstützen die Politik des Revolutionsführers Khomeini, halb-geheim gründete und trainierte sie eine schiitische Miliz, die vor allem im Südlibanon die israelischen Besatzungstruppen angriff. Eine geheime Dschihâd-Organisation griff mit Terrorattacken vor allem westliche Ziele im Libanon an. Bei zwei Anschlägen auf amerikanische Ziele in Beirut 1982 und 1983 starben Hunderte von Menschen. In der Folge zogen sich die US-Truppen aus dem Libanon zurück. Zur Unterstützung des Irans im Krieg gegen den Irak griffen die Kämpfer der *Hizballah* die französische und amerikanische Botschaft in Kuwait an, Staaten, die den Irak unterstützten. Im Jahr 1986 kam es aus dem gleichen Grund auch zu Attentaten in Paris, die der *Hizballah* zugeschrieben werden. Inzwischen ist sie zu einer politischen Partei geworden, die im libanesischen Parlament als Oppositionspartei aktiv ist.

Heute organisiert sie u. a. auch ein umfangreiches Netz von karitativen Organisationen wie Krankenhäusern und Kindergärten, aber auch Schulen, Lehrwerkstätten und anderen Bildungseinrichtungen. Sie verfügt über enge Beziehungen zum iranischen Revolutionsregime, aber auch zur syrischen Regierung.

Besondere Aufmerksamkeit in der westlichen Öffentlichkeit hat in jüngerer Zeit die philippinische Gruppe Abu Sayyaf mit der Entführung von europäischen Touristen gefunden. Man muss die Aktionen dieser Gruppe vor dem Hintergrund der Geschichte des Islams auf den Philippinen sehen, die bis ins 9. Jahrhundert zurückreicht. Es hatte vor allem auf den südlichen Inseln des Vielvölkerstaates verschiedene muslimische Reiche gegeben, die sich mit den spanischen Eroberern seit dem 16. Jahrhundert lang andauernde Kämpfe geliefert hatten. Diese Auseinandersetzungen hatten bis zur amerikanischen Übernahme des Inselstaates angedauert. Auch gegen die amerikanische Kontrolle der muslimischen Teile des Landes entwickelte sich ein heftiger Widerstand. Zwar versuchten die Amerikaner durch Entwicklungsprogramme die Lage zu entspannen. Als sie 1946 die Philippinen in die Unabhängigkeit entließen, waren die Probleme aber noch nicht gelöst. Die neue Zentralregierung begann recht bald nach Erreichung der Unabhängigkeit mit einer Einwanderungskampagne christlicher Siedler in muslimische Gebiete. Eine der Folgen waren ständige gewalttätige Auseinandersetzungen um Landrechte, die zu immer neuen Aufständen der muslimischen Bevölkerung führten. Verschiedene parlamentarische Kommissionen wurden eingesetzt, um die Ursachen für die Konflikte zu erkunden, und eine spezielle »Kommission für nationale Integration« erhielt 1955 die Aufgabe, »den wirtschaftlichen, sozialen, moralischen und politischen Fortschritt der nicht-christlichen Filipinos« zu befördern. Große Erfolge konnte diese Kommission, die 1975 aufgelöst wurde, nicht erzielen.

Die Probleme in den muslimischen Gebieten führten schließlich dazu, dass der damalige philippinische Präsident Marcos 1972 den Ausnahmezustand verkündete und damit die Tatsache anerkannte, dass sich der Süden des Landes in einem Bürgerkrieg befand. Dass er damit zugleich seine Herrschaft der parlamentarischen Kontrolle entzog, war möglicherweise ein stärkeres Motiv für seine Entscheidung. Aus der Sicht der Zentralregierung war die Lage im Süden des Landes jedoch in der Tat nicht unkritisch. Ende der 60er Jahre des 20. Jahrhunderts hatten Moros, wie die Muslime auf den Philippinen genannt werden, die »Muslim Independence Movement« (MIM) gegründet, die die Gründung einer »Islamischen Republik Mindanao, Sulu und Palawan« forderte. Zur gleichen Zeit wurde die »Moro National Liberation Front« (MNLF) ins Leben gerufen, die es sich zum Ziel gesetzt hatte, mit Guerillaaktionen die Forderungen nach Unabhängigkeit zu unterstützen. Treibende Kräfte bei den Gründungen waren vor allem junge Intellektuelle und Studenten. Die Moro-Organisationen erhielten von internationalen islamischen Organisationen wie der »Islamischen Weltliga«, aber auch von einzelnen islamischen Staaten, wie etwa Libyen, politische, materielle und militärische Hilfe. Libyen hat verschiedentlich islamistische Organisationen unterstützt. Im Lande selbst ist der

Revolutionsführer Gaddafi aber immer hart und konsequent gegen islamistische Gruppen vorgegangen. Die von ihm entwickelte Idee der ›grünen Revolution‹ und manche andere von seinen Vorstellungen sind mit den islamistischen Ideologien auch nicht im Ansatz vergleichbar. Neben der nationalen Unabhängigkeit verlangte die »Moro National Liberation Front« auch Reformen der inneren Strukturen der Moro-Gesellschaft, durch die die Macht der traditionellen Eliten reduziert werden sollte. Gegen diese Tendenzen richtete sich die Gründung der »Bangsa Moro Liberation Front« (Bangsa ist die Bezeichnung der Moros für ihre Heimat), in der sich die traditionelle muslimische Aristokratie organisierte. Sie erhob zwar ähnliche Forderungen nach Unabhängigkeit wie die anderen Gruppen, entschied sich aber, mit dem Marcos-Regime zusammenzuarbeiten. Dennoch konnte der Bürgerkrieg nicht beigelegt werden. Mehr als 100.000 Muslime mussten auf die benachbarte malaiische Insel Sabah fliehen, was dort wiederum zu politischen und sozialen Spannungen führte. Malaysia ist seitdem an einer Entspannung der Lage auf den Philippinen interessiert und hat versucht, durch Investitionen und Entwicklungsprojekte in den muslimischen Siedlungsgebieten auf den Philippinen diesem Ziel näherzukommen. Unter libyscher Vermittlung kam es 1976 zum »Abkommen von Tripolis« zwischen der philippinischen Zentralregierung und der MNLF, in dem die Autonomie der muslimischen Gebiete vereinbart wurde. Wo im Einzelnen diese Autonomie gelten sollte, war durch eine Volksabstimmung zu ermitteln. Zwar kam es zur Einrichtung von zwei muslimischen autonomen Verwaltungsbezirken und dem Erlass eines »Code of Muslim Personal Law«, in dem ausdrücklich erklärt wurde, »dass das Rechtssystem der Muslime als Teil des nationalen Rechtssystems anerkannt wird.« Trotz dieser und anderer Bemühungen kam es jedoch weder unter Marcos noch unter seinen Nachfolgern zu einer friedlichen Lösung der Probleme. Das führte dazu, dass sich Unzufriedene in radikalen Gruppen organisierten, von denen eine von Abd al-Rajak Janjalani, der den Beinamen Abu Sayyaf hatte, initiiert wurde. Angeblich hatte er in Afghanistan gegen die Rote Armee gekämpft. Abu Sayyaf wurde 1998 in einem Gefecht mit der Polizei getötet. Commander Robot, der Anführer der Entführer-Gruppe, die die europäischen Touristen im Jahr 2000 in ihre Gewalt gebracht hatte, hat diesen Namen übernommen. Inzwischen sind die Grenzen zwischen islamischem Widerstand und kriminellen Gruppen in einigen Fällen mehr und mehr verwischt. Diese Gruppen in eine generelle Lösung der Probleme der Muslime auf den Philippinen einzubeziehen, ist kaum möglich. Diese Form des »alten Terrors« wird daher weitergehen, auch wenn die Welt ihn nicht besonders intensiv beachten wird.

# Die Salafisten

*Nährboden für Gewaltbereitschaft*

In einer seiner Äußerungen aus dem Januar 2015 hat der Präsident des Bundesamtes für Verfassungsschutz, Hans-Georg Maaßen, darauf hingewiesen, dass die Zahl der Salafisten in Deutschland in der jüngsten Vergangenheit erheblich zugenommen hat. Aus seiner Sicht ist dies eine problematische Entwicklung, weil der Salafismus sich bislang als Nährboden für die Entstehung von gewaltbereiten islamistischen Einzelpersonen und Gruppen erwiesen hat. Die Zahl der Anhänger hat sich nach Feststellungen des Bundesamtes in den letzten Jahren kontinuierlich erhöht und besteht in Deutschland derzeit aus ca. 6000 Personen. Es erscheint daher erforderlich, sich bei einer Betrachtung der verschiedenen Formen des terroristischen Islamismus zunächst mit dieser Form des Islamismus zu befassen.

In der westlichen Islamwissenschaft werden als Salafisten seit den 1980er Jahren zunächst die Anhänger und Schüler Dschamal al-Din al-Afghanis (1839–1897) und Muhammad Abduhs (1849–1905) bezeichnet. Grund dafür war, dass die beiden muslimischen Gelehrten sich in ihren Reformüberlegungen auf die grundlegende Bedeutung von Koran und Prophetentraditionen stützten. Zugleich waren beide der Überzeugung, dass die ›as-Salaf as-Sâlih‹ (die frommen Altvorderen), die den Islam durch den Propheten Muhammad selbst kennengelernt hatten, wichtige Vorbilder für die Lebensgestaltung von Muslimen wären. Wenn man ihnen im täglichen Leben wie im religiösen Handeln folge, so lautete die Überlegung, könnten die Muslime zu allen Zeiten keine Verfehlungen gegen den Willen Gottes begehen. Sie betonten besonders den Begriff des ›Tauhîd‹. Darunter verstanden sie im theologischen Sinne die Einheit Gottes als Grunddogma des Islams. Sie wandten sich daher gegen die islamische Mystik genauso wie gegen Heiligenverehrung. Sie betonten jedoch auch die politische Einheit der islamischen Welt. Mit ihrer panislamischen Ideologie stießen sie auf große Begeisterung in den von Kolonialmächten kontrollierten muslimischen Ländern. Deutlich unterschieden sich al-Afghani und Abduh von den heutigen Formen des Salafismus, weil sie den Islam als eine zutiefst rationale Religion verstanden. Demnach ist es dem Menschen aufgegeben, sich mit seinem Verstand um das Verständnis der Worte Gottes zu bemühen und sich nicht auf die geradezu scholastischen Formen des traditionellen muslimischen Theologie-, Rechts- und Wissenschaftsbetriebs zu verlassen. Mit der individuellen Bemühung um das Verständnis des Korans, dem sich nicht nur die Religionsgelehrten, sondern auch die einfachen Muslime hingeben sollten, hofften al-Afghani und Abduh, den Islam zu modernisieren und aus seiner politischen und gesellschaftlichen Schwäche zu erlösen.

Diese Position wird von den Vertretern des heutigen Neo-Salafismus grundsätzlich abgelehnt. Die Begeisterung, mit der aufgeklärte Muslime den Lehren von al-Afghani und Abduh folgten, bewerten die Neo-Salafisten heute als einen Irrweg, ja eine schwere Sünde. Der Rationalismus der Lehren der Reformer wird von ihnen als verwerflich eingeschätzt. Dass westliche Wissenschaftler die Auffassungen von al-Afghani, Abduh und ihren Schülern als islamischen Modernismus bezeichneten, bestärkt die Neo-Salafisten in ihrer kritischen und ablehnenden Haltung den Reformern gegenüber.

## Die Lehren des Neo-Salafismus

Im Unterschied zum Salafismus ist zur Bezeichnung der neuen Salafisten häufig von Neo-Salafisten die Rede. Der aktuelle Neo-Salafismus ist allerdings eine in verschiedene Formen, Organisationen und Konventikeln zersplitterte Erscheinung. In der westlichen Literatur hat sich aufgrund dieses Erscheinungsbildes eine grobe Dreiteilung des Neo-Salafismus ergeben. Danach spricht man von puristischem Salafismus, von politischem Salafismus und schließlich von dschihâdistischem Salafismus.

Es lassen sich kaum belastbare empirische Daten über die Zahl der Anhänger der verschiedenen neo-salafistischen Gruppen finden. In der islamischen Welt wie in der muslimischen Diaspora bilden sie weiterhin eine Minderheit.

Trotz mancher Unterschiede lässt sich in den Grundüberzeugungen des Neo-Salafismus eine Reihe von Gemeinsamkeiten feststellen. Die erste allgemeingültige gemeinsame Übereinstimmung betrifft die Überzeugung von der Einheit Gottes (Tauhîd), als dem grundsätzlichen Glaubensartikel des Islams. Hier stimmen sie mit allen Muslimen überein. Die Neo-Salafisten lehnen aber in ihrer Gesamtheit alles ab, was in irgendeiner Form als polytheistisch verstanden werden könnte. Dazu gehört Heiligenverehrung ebenso wie Gräberkult oder die islamische Mystik.

Um die Überzeugung der Basis des Glaubens, den Tauhîd, verteidigen zu können, muss der Gläubige nach neo-salafistischer Überzeugung die Aussagen des Korans strikt befolgen und sich das Leben des Propheten, wie es durch die Prophetentraditionen (Hadîth) bezeugt ist, zum absoluten Vorbild nehmen. Darüber hinaus soll er auch der Lebens- und Glaubensweise der ›frommen Altvorderen‹ folgen. Ihr Konsens (Idschmâ') in verschiedenen Glaubens- und Lebensfragen gilt den Neo-Salafisten nach Koran und Hadîth als die dritte Rechtsquelle des Islams. Neo-Salafisten akzeptieren jedoch nur den Konsens der ›as-Salaf as-Salih‹. Späteren Rechtsgelehrten, selbst wenn sie als die Gründer der großen Rechtsschulen (madhâhib) gelten, wird die Autorität des Konsenses nicht zugesprochen. Auch die vierte der grundsätzlichen islamischen Rechtsquellen, der Qiyâs (Analogieschluss), findet unter Neo-Salafisten in der Theorie keine Akzeptanz. Sich an die beiden grundlegenden Quellen der islamischen Tradition, Koran und Prophetentraditionen, zu halten, ist aus Sicht der Neo-Salafisten dagegen unbedingt erforderlich, weil ansonsten die Gefahr besteht, dass sich die Gemeinschaft der Muslime (Umma) in eine Vielzahl von kleinen Gruppen aufspaltet. Auf diese Gefahr hat der Prophet Muhammad in einer seiner Traditionen selbst hingewiesen. Er sagte: »Ich hinterlasse euch zwei Dinge, damit ihr nie in die Irre geht, solange ihr euch an sie haltet. Es sind dies der Koran und meine Sunna.« Mit Sunna ist hier das in den Prophetentraditionen überlieferte Vorbild Muhammads gemeint. Wichtiger noch ist in diesem

Zusammenhang seine Aussage: »Diese Gemeinschaft (Umma) wird sich in 73 Gruppen aufspalten, von denen alle bis auf eine zur Hölle verdammt sind. Die eine sind die, die dem folgen, dem ich und meine Gefährten folgen.« Die Neo-Salafisten nehmen für sich in Anspruch, die eine Gruppe zu sein, die nicht zur Hölle verdammt ist. Die verschiedenen Entwicklungen der islamischen Theologie und des islamischen Rechts von der Gründung der Rechtsschulen über die verschiedenen Debatten zu den Eigenschaften Gottes bis hin zu den Fragen von Prädestination und freiem Willen werden dagegen abgelehnt. Besonders kritisch sehen die Neo-Salafisten auch das Eindringen von regional geprägten Traditionen und Ritualen in die islamische Praxis. Sie befürchten auch hier ein Abweichen von den von Gott aufgestellten Regeln, die der Prophet Muhammad seiner Umma vermittelt hat.

Alles, was im Koran oder in den Prophetentraditionen nicht angesprochen wird, wird als ›unstatthafte Neuerung‹ (Bid'a) betrachtet und ist deshalb verboten. Das Konzept der statthaften Neuerungen, das in der Rechtspraxis des orthodoxen islamischen Rechts durchaus vorhanden ist, wird also zunächst einmal abgelehnt. Da die Menschen von Natur aus schwach sind, besteht aus Sicht der Neo-Salafisten die Gefahr, dass sie die Inhalte und Forderungen Gottes, wie sie im Koran niedergelegt sind, in ihrem Sinn und nach ihren Wünschen zu manipulieren versuchen. Daher sollen sich die Muslime umfangreicher Interpretationen des heiligen Textes enthalten. Vielmehr sollen sie dem Koran wortwörtlich folgen ohne weitere Auslegungsversuche, oder wie der mittelalterliche Gelehrte Ahmad Ibn

Hanbal es formulierte: »Bilâ kaifa« (Ohne zu fragen, wie). Dieses Prinzip gilt in erster Linie für Fragen nach der Gestalt oder den Eigenschaften Gottes, aber schlussendlich auch für alles, was im Koran steht.

Aus dieser grundsätzlichen Haltung dem Koran und den Prophetentraditionen gegenüber ergeben sich zahlreiche Konsequenzen für alle Anhänger des Neo-Salafismus. Sie müssen sich nämlich selbst beständig um das richtige Verständnis dieser Quellen bemühen. Dafür müssen sie jeden Tag einen beträchtlichen Teil ihrer Zeit aufwenden. Das tägliche Suchen nach dem richtigen Verständnis der Schriften gilt auch für die Gruppe der Neo-Salafisten, die sich in konkreten militärischen Auseinandersetzungen befinden. Natürlich haben viele Mitglieder des Neo-Salafismus keine grundlegende religiöse Ausbildung. Von vielen ist im Gegenteil festzustellen, dass sie kaum ein Basiswissen ihrer Religion erworben haben. Daher sind sie auf die religiöse Führung durch solche Neo-Salafisten angewiesen, die über die entsprechenden Kenntnisse verfügen. Bei diesen Personen kann es sich um ausgebildete Vertreter fundamentalistischer Vorstellungen des Islams handeln, aber auch um Personen, deren religiöses Wissen weniger fundiert ist. In jedem Fall besteht der Anspruch, dass die Adepten das, was ihnen vermittelt wird, kritiklos annehmen.

Es stellt sich hier natürlich die Frage, wie es angesichts der gemeinsamen Grundüberzeugungen der Neo-Salafisten zu der Ausdifferenzierung in Bezug auf die Glaubenspraxis und die daraus resultierenden unterschiedlichen politische Verhaltensweisen kommen kann. Aus neo-salafistischem Selbstverständnis sollte es solche Unterschiede nicht geben.

Denn sie gehen davon aus, dass dem Koran jeweils nur eine richtige Bedeutung innewohnt. Das gilt besonders dann, wenn es um die schwierige Prozedur geht, politische, ökonomische, soziale oder technische Phänomene der Moderne darauf zu überprüfen, ob sie mit den Aussagen des Korans oder der Prophetentraditionen in Übereinstimmung gebracht werden können. Wenn aber die Doktrin gilt, dass es nur eine richtige Deutung geben kann, dann kann die Ursache der Abweichung nur durch fehlendes Wissen um die richtige Methode der Auslegung des entsprechenden Textes entstehen.

Jeder Muslim, der sich einmal intensiv mit dem Text des Korans auseinandergesetzt hat, hat die Erfahrung gemacht, dass es einzelne Worte und ganze Verse gibt, die sich dem Verständnis des Gläubigen nur sehr schwer erschließen. Nicht zuletzt hat sich aus dieser Situation ja die Wissenschaft der Koranexegese (Tafsîr) entwickelt. Die bedeutenden Korankommentatoren in der Geschichte des Tafsîr haben sich, nicht zuletzt aus Ehrfurcht vor dem göttlichen Charakter des heiligen Buches, davor gescheut, eine einzelne von ihnen erschlossene Bedeutung einer Koranstelle als verbindlich darzustellen. Vielmehr legten sie verschiedene Deutungsmöglichkeiten nebeneinander und überließen es dem Leser, für sich die akzeptable herauszusuchen. Nur in seltenen Fällen wiesen sie auf die von ihnen bevorzugte Deutung hin. Solche Zusammenstellungen enden in der Regel mit der Bemerkung: »Wa Allahu a'lam« (Gott weiß es am besten).

Beobachter wie der amerikanische Politikwissenschaftler Quintan Wiktorowicz führen die Unterschiede zwischen den verschiedenen neo-salafistischen Fraktionen auf eine Generationsproblematik zurück. Danach sollen die älteren Neo-Salafisten zu den eher quietistischen Vertretern des Neo-Salafismus gehören. Die jüngeren Anhänger dagegen neigen eher den politischen und dschihâdistischen Formen des Neo-Salafismus zu. Sie alle beziehen sich auf das gleiche Quellen-Korpus und sind daher auch zutiefst davon überzeugt, dass ihre Interpretation der Quellen die einzig richtige darstellt. Als Konsequenz schließen sie dann alle anderen Interpretationen der Quellen und die sich daraus ergebenden Handlungsanweisungen aus. Gemeinsam sind den verschiedenen Gruppen des Neo-Salafismus einige Verhaltensweisen, durch die sie sich von anderen Muslimen unterscheiden und leicht als Anhänger dieser Gruppen zu identifizieren sind. An erster Stelle ist hier die Kleidung zu nennen. Weibliche Personen befleißigen sich, häufig schon vor der Pubertät, einer besonders strikten Form der Verschleierung. Sie tragen über ihrer üblichen Kleidung einen einteiligen Körperschleier, Handschuhe und einen Gesichtsschleier, der nur die Augenpartie frei lässt. Diese extreme Form der Verhüllung des weiblichen Körpers wird von einer Vielzahl muslimischer Rechtsgelehrter eindeutig abgelehnt mit Argumenten, die sich auch auf die Situation der Musliminnen zu Lebzeiten des Propheten Muhammad beziehen. So führen sie für ihre Interpretation die folgende Prophetentradition an: »Asmâ', die Tochter von Abû Bakr (dem ersten Kalifen, regierte 632–634), trat beim Propheten ein. Sie hatte dünne Kleider an. Da wandte er sich von ihr ab. Und er sagte: O Asmâ', wenn die Frau das Menstruationsalter erreicht hat, passt es nicht, dass man mehr von ihr sieht, als dies und dies. Dabei wies er auf sein Gesicht und auf seine Hände hin.« Vertreter des Neo-Salafismus ignorieren diese Argumente, indem sie diese Gelehrten als korrupt oder durch den westlichen Rationalismus infiziert betrachten. Männliche Neo-Salafisten sind häufig ebenfalls an einer besonderen Kleidung zu erkennen. Sie tragen weit geschnittene Hosen, die an den Knöcheln zusammengebunden werden. Den Oberkörper bedeckt ein Hemd, das über der Hose getragen wird und bis zum Oberschenkel reicht. Häufig findet man auch Kappen als Kopfbedeckung. In den Prophetentraditionen wird die Kleidung des Propheten Muhammad mehrfach beschrieben. Es gibt eine Überlieferung, in der es heißt: »Der Prophet sagte: Wer keinen Lendenschurz findet, der soll Pumphosen anziehen. Und wer keine Sandalen findet, kann Schuhe anziehen.« Es gibt jedoch konservative Gelehrte, die Pumphosen und Schuhe nicht als Alternative, sondern als Notbehelf und den Lendenschurz (Izâr) als die richtigere Form der Bekleidung ansehen. Die Überlieferungen berichten, dass der Prophet einen Turban getragen habe. Von einer Kappe ist nicht die Rede. Diese Kopfbedeckung findet erst im 8. Jahrhundert häufiger Verwendung. Gerade Neo-Salafisten sind durch eine spezielle Barttracht zu erkennen. Sie beziehen sich dabei auf eine Reihe von Prophetentraditionen, in denen die Gläubigen aufgefordert werden, den Schnurrbart zu kürzen und den übrigen Bart wachsen zu lassen. In einigen

Texten ist die Rede davon, dass der Bart bei einer Länge einer Faust abgeschnitten werden kann. Eine Begründung für die Barttracht findet sich in den Aussprüchen des Propheten Muhammad dahingehend, dass der Mann sich durch den Bart von der Frau unterscheidet. Männer, die den Bart rasieren, seien effeminiert. Ein anderes Argument lautet, dass die Angehörigen anderer Religionen den Bart rasierten. Es geht also um die äußerliche Unterscheidung der Muslime von Andersgläubigen.

## Puristische Neo-Salafisten

Die puristischen Neo-Salafisten finden sich heute in den etablierten Kreisen Saudi-Arabiens und den verschiedenen Emiraten und Scheichtümern der Arabischen Halbinsel, aber auch in Ägypten. Ihre religiösen Führer und Rechtsgelehrten versuchen auf eine vorsichtige Weise, die politische Führung der verschiedenen Staaten in ihre Richtung zu beeinflussen. Sie verhalten sich dabei aber sehr zurückhaltend. So würden sie in keinem Fall den Versuch unternehmen, die neo-salafistischen Regeln der Barttracht den lokalen Herrschern und anderen politisch, militärisch oder wirtschaftlich einflussreichen Persönlichkeiten nahezubringen. Gegenüber den anderen neo-salafistischen Gruppen nehmen sie für sich in Anspruch, über ein tieferes Wissen und eine bessere Kenntnis der zentralen Quellen des Islams zu verfügen. Daher sind sie davon überzeugt, über die größere Kompetenz hinsichtlich der Interpretation dieser Quellen zu verfügen.

Für ihre Verlautbarungen beziehen sich die puristischen Neo-Salafisten auf Koran, Sunna und den Konsens der ›as-Salaf as-sâlih‹. Sie plädieren dafür, den Islam zunächst von allen unislamischen Einflüssen zu reinigen und ihre Vorstellung der islamischen Religion durch ›Da'wa‹ (Einladung, Mission) zu verbreiten. Alle Muslime sollten die neo-salafistische Form des Islams ohne Zwang und Konflikte annehmen. Denn jede gewaltsame Verbreitung dieser Vorstellungen würde zu Ungerechtigkeit und Korruption führen, weil die Menschen das Ziel des Neo-Salafismus unter Gewaltandrohung nicht erkennen könnten. Für ihre Position berufen sie sich auf das Vorbild des Propheten Muhammad. Dieser hatte zu Beginn seiner Sendung die Bewohner Mekkas ja auch nicht mit irgendwelchen Gewaltakten vom Islam überzeugen wollen, sondern durch Predigten und das eigene Vorbild und das seiner frühen Gemeinde. Diese Einschätzung wird auch von Nâsir al-Dîn al-Albânî vertreten, der feststellte: »Geschichte wiederholt sich. Jeder sagt, dass der Prophet sein Vorbild ist. Unser Prophet verbrachte die Hälfte der Verbreitung seiner Botschaft mit Da'wa (der Einladung zum Islam). Er begann doch nicht, den Islam mit dem Dschihâd zu verbreiten.« Diese Überzeugung wird auch von dem bedeutendsten saudischen Vertreter des Islams, 'Abd al-'Azîz Ibn Bâz (1910–1999) geteilt. In einem ausführlichen Rechtsgutachten zur Haltung der islamistischen Aufständischen während des algerischen Bürgerkriegs von 1991 erklärte er für die Zeit, in der der Prophet Muhammad in Mekka wirkte, die Muslime hätten damals nicht zum Schwert gegriffen, sondern die Menschen mit dem Zitieren von Koranversen, durch freundliche Worte und gutes Betragen zum Islam eingeladen. Das sei erfolgreicher gewesen, die Menschen von der Wahrheit der Botschaft des Islams zu überzeugen. Dieses Vorbild gilt nach Ibn Bâz auch für die algerischen Brüder wie für die in anderen Teilen der islamischen Welt. Es sei ihre Pflicht, dem Vorbild des Propheten und der ›frommen Altvorderen‹ in Mekka zu folgen.

Die Anhänger einer puristischen Neo-Salafiyya verstehen sich als unpolitisch. Sie sehen sich selbst auch nicht als eine Bewegung, wohl aber als eine Vorhut, die den real existierenden Islam von Korruption und Fehlern zu befreien versucht. Allerdings betrachten viele Neo-Salafisten den Westen als den Erzfeind des Islams und interpretieren in diesem Sinne auch die nach ihrer Überzeugung islamophoben Reaktionen in der westlichen Öffentlichkeit. Ihrerseits reagieren sie darauf mit der Ablehnung aller vom Westen propagierten Werte und Normen. Diese Abgrenzung reicht bis in den sprachlichen Bereich, in dem die Übernahme westlicher Begriffe wie Extremismus oder Fundamentalismus ins Arabische speziell dann abgelehnt wird, wenn sie hinsichtlich islamistischer Bewegungen Anwendung finden. Sie beziehen sich selbst in diesem terminologischen Zusammenhang auf die Tatsache, dass solche Begriffe von den ›as-Salaf as-Sâlih‹ nicht verwendet worden sind und kritisieren, dass saudische Gelehrte sie in ihren Veröffentlichungen verwenden. Da sie selbst ohne solche Begriffe aber ebenfalls nicht auskommen können, suchten sie nach einem passenden arabischen Wort und sprechen von ›ghulû‹ in der Bedeutung von Überschreitung oder Übertreibung. Die inhaltlichen Differenzen zur westlichen Terminologie sind nicht groß. Aber die Puristen gehen davon aus, dass die Verwendung von westlich beeinflusster Terminologie Wirkungen auf das Denken der Muslime hat und es vergiftet.

Die Konsequenz aus dieser Haltung dem Westen gegenüber ist nur folgerichtig. Man vermeidet jeden Kontakt mit dem Westen, seien es Personen, Ideen, Begriffe oder typisch westliche Verhaltensweisen. Das ist so lange realisierbar, wie einzelne Anhänger dieses Purismus oder die jeweiligen Gruppen sich in einem entsprechenden Umfeld oder zumindest innerhalb einer muslimischen Mehrheit befinden. Anders verhält es sich, wenn sie innerhalb einer nicht-muslimischen, vor allem westlich geprägten oder europäischen Mehrheit leben. Die führenden Vertreter des neo-salafistischen Purismus empfehlen ihren Anhängern dann zunächst, dass sie aus der jeweiligen Gesellschaft auswandern sollten. Falls dies nicht möglich ist, raten sie ihnen, sich so weit wie möglich aus der fremden Gesellschaft zurückzuziehen. Auf diese Weise entstehen kleine Konventikel, die sich immer stärker auf sich beziehen und Kontakte zur Außenwelt auf das Allernotwendigste beschränken.

Von Bedeutung ist, dass die Puristen sich trotz aller Ablehnung des Westens und seiner Normen strikt gegen jede Form von politischen Aktivitäten oder gar den militärischen Kampf im Dschihâd wenden. Auch hier beziehen sie sich konsequent auf das Vorbild des Propheten und seiner Zeitgenossen. So weisen sie darauf hin, dass der Prophet in Mekka nie Demonstrationen angeführt oder Sit-ins durchgeführt hat. Die Aktivitäten der politischen und dschihâdistischen Salafisten sehen sie als ein Verhalten, das diese aus den westlichen Gesellschaften übernommen haben. Daher lehnen sie auch die Bildung von salafistischen politischen Parteien ab. Dass sich solche Parteien in Ägypten gegründet haben, verdeutlicht aus ihrer Sicht, dass die Gefahren des westlichen Einflusses allgegenwärtig sind. Als problematisch zeige sich bei solchen Parteien, dass sie im Endeffekt ihren parteipolitischen Erfordernissen folgen. Sie würden dabei die wichtigste Autorität des Menschen, nämlich Gott, aus dem Blick verlieren. Das beste Beispiel dafür seien die Muslimbrüder, die mit ihren politischen Bemühungen immer wieder gescheitert seien, ohne die Gemeinschaft der Muslime gestärkt zu haben. Eher sei das Gegenteil der Fall.

In ihrem Verhältnis zu politischen und dschihâdistischen Gruppen zeigen sich die puristischen Neo-Salafisten ausgesprochen kritisch. Sie werfen den Vertretern der anderen beiden Gruppen vor, dass sie wie die Muslimbrüder politische Ziele erreichen wollten und dafür Konzepte und Strategien entwickelten, die nicht aus dem Islam schöpfen, sondern rationalen Überlegungen folgen. Ihre Grundlage beruhe auf typisch westlichen Verhaltensweisen, die strikt vermieden werden müssten. Mit den Regeln menschlichen Lebens und Handelns, wie sie Koran und Prophetentraditionen vorschreiben, hätten diese Verhaltensweisen nichts zu tun. Schließlich werfen die Puristen den anderen Gruppen auch vor, sie würden mit ihren strategischen und rationalistischen Konzepten viele Muslime, die noch keine ausreichenden Kenntnisse vom wahren Islam haben, in die Irre führen. Offenbar bemühen sich die Puristen nicht, im Dialog mit den anderen Gruppen ihre Positionen zu verdeutlichen und durchzusetzen. Vielmehr distanzieren sie sich von ihnen und meiden jeden Kontakt. Sie untersagen ihren

Anhängern, die Bücher und anderen Veröffentlichungen der Vertreter des politischen oder dschihâdistischen Salafismus zu lesen und erweitern die Indizierung auch auf Bücher von bekannten Vertretern eines politischen Islams wie Sayyid Qutb. Sie erklären, dass sie mit den anderen neo-salafistischen Strömungen erst wieder zusammenarbeiten werden, wenn diese sich dem wahren, also dem puristischen Salafismus wieder zugewandt haben.

## Politische Neo-Salafisten

Wie schon erläutert, geht nach Ansicht von Quintan Wiktorowicz die Spaltung der neo-salafistischen Bewegung in puristische und politische Gruppen auf einen Generationenkonflikt zurück. Ältere Neo-Salafisten haben sich dem puristischen Salafismus angeschlossen, die jüngeren dagegen neigen eher dem politischen Neo-Salafismus zu. Für diese Feststellung gibt es aber keine empirischen Daten, wenn man von der Tatsache absieht, dass sich jüngere Menschen eher radikalen Vorstellungen zuwenden als ältere. Doch die wichtigen Führer von bekannten radikalen muslimischen Gruppierungen wie al-Qaida sind in ihrer Mehrzahl schon in einem erkennbar fortgeschrittenen Alter. Bei den Auseinandersetzungen zwischen puristischen und politischen Neo-Salafisten geht es vielmehr um inhaltliche Unterschiede. So erklären Vertreter des politischen Neo-Salafismus, dass sie ein besseres Verständnis für die Phänomene der Moderne hätten. Von dieser Prämisse ausgehend, erheben sie den Anspruch, besser in der Lage zu sein, die neo-salafistischen Lehren auf die gegenwärtigen Verhältnisse hin anzuwenden und weiterzuentwickeln. Sie sind überzeugt, eine moralische Verpflichtung zu haben, die muslimischen Regime in der Welt zu kritisieren, wenn diese den Normen des Islams nicht entsprechen. Das gelte auch in den Fällen, in denen die Regime für sich selbst eine hohe Kompatibilität mit den Lehren des Islams in Anspruch nehmen. Daher erlaubten sie sich auch Kritik am Regime in Saudi-Arabien, dessen Vertreter sich selbst als ›Hüter der islamischen Religion‹ verstehen. Nicht wenige der Anhänger des politischen Neo-Salafismus schlossen sich zu kleineren Gruppen zusammen, die sich seit den 1980er Jahren auch bereit fanden, in Afghanistan gegen die Rote Armee zu kämpfen. Damit war für diese Gruppe der Übergang zum dschihâdistischen Neo-Salafismus vollzogen. Auf die Kritik der Puristen an diesem Verhalten reagierten die politischen Neo-Fundamentalisten mit der Feststellung, dass die Puristen die aktuellen Verhältnisse nicht verstünden. Daher fehle ihnen auch das Wissen und damit die Voraussetzung, sich entsprechend in Rechtsgutachten (Fatwa) zu dieser Thematik zu äußern. Als Beispiel dafür wird von den Vertretern des politischen Neo-Salafismus eine Fatwa von dem im Übrigen durchaus als modern einzuschätzenden Gelehrten Muhammad al-Albânî (1914–1999) angeführt. Dieser hatte nach der ersten Intifada in Palästina zwischen 1987 und 1991 ein Rechtsgutachten veröffentlicht, in dem er die muslimischen Palästinenser aufforderte, ihre Wohngebiete zu verlassen, weil diese nicht mehr zum Gebiet des Islams gehörten. Das war nun in der Tat eine erstaunliche Äußerung. Denn dass Palästina aus der Sicht der weit überwiegenden Mehrheit der Muslime Teil der islamischen Welt ist, wurde hier in Frage gestellt. Dieses Gutachten wurde nicht nur von den Vertretern der palästinensischen Institutionen äußerst kritisch aufgenommen.

Mit der Zeit verschärften sich die Abgrenzungsbemühungen zwischen Puristen und politischen Neo-Salafisten. Diese Differenzen wurden von heftigen Polemiken begleitet. Die Puristen wurden als ›Gelehrte für Trivialitäten‹ bezeichnet, um nur eine der weniger scharfen Formulierungen anzuführen. Gegen solche Anwürfe antwortete Muhammad al-Albânî, dass diejenigen, die für sich in Anspruch nähmen, die muslimische Jugend zu führen, nicht über die grundlegenden Kenntnisse des islamischen Rechts verfügten. Vielmehr arbeiteten sie mit Emotionen, die dazu führen könnten, dass das zentrale Moment des Islams, die Lehre von der Einheit Gottes (Tauhîd), in Vergessenheit geriete. Das stelle eine große Gefahr für die muslimische Gemeinschaft dar. Die politischen Neo-Salafisten hätten der Feststellung, dass sie nicht über vergleichbares Wissen über den Islam verfügten wie die Vertreter der Puristen, kaum widersprochen. Sie sind aber davon überzeugt, dass sie über das bessere Wissen und die tiefer gehende Analyse der Situation der Muslime in einer modernen Welt verfügen. Die im Grunde unpolitische Haltung der Puristen führt nach Ansicht der politischen Neo-Salafisten dazu, dass die muslimische Gemeinde in eine falsche Richtung gelenkt wird. Ohne eine politische Analyse der aktuellen Situation bestehe die Gefahr, dass es dem Westen gelinge, die islamische Welt schließlich unter seine Kontrolle zu bringen. Dies sei ja dessen eigentliches Ziel. Das lasse sich nicht zuletzt an der

Situation in Afghanistan seit 1979, aber auch in Saudi-Arabien nach dem Einmarsch alliierter Truppen 1990 und im Irak ab 2003 verdeutlichen. Doch auch die Situation der Muslime auf dem Balkan, in Kaschmir, im Kaukasus, auf den Philippinen und in Sinkiang zeige aus der Sicht der politischer Neo-Salafisten, wie konsequent der Westen sich überall auf der Welt gegen den Islam wende.

Die politischen Einschätzungen des politischen Neo-Salafismus lassen aber die entsprechenden Konsequenzen vermissen. Wenn z. B. der Westen alles daransetzt, die islamische Welt unter seine Kontrolle zu bringen, stellt sich natürlich die Frage, wie man sich dem entgegenstellen könnte. Es liegt nahe, einen Regimewechsel in den verschiedenen Staaten der islamischen Welt zu bewerkstelligen. Dass dies ausschließlich mit politischen Mitteln angesichts der Macht der staatlichen Institutionen nicht möglich wäre, konnten die politischen Neo-Salafisten nicht in Abrede stellen. Da sie sich in der Regel aber nicht ohne weiteres zu einem dschihâdistischen Verhalten durchringen konnten, blieb ihre Position weitgehend folgen- und erfolglos. Hinzu kommen erhebliche interne Auseinandersetzungen inhaltlicher Art. Als Beispiel sei auf den Konflikt innerhalb des politischen Neo-Salafismus in Ägypten hingewiesen. Als im Zusammenhang mit den ägyptischen Wahlen von 2011 die neo-salafistische Nûr-Partei aus offenkundig pragmatischen Gründen erklärte, dass Frauen als Kandidaten vorgeschlagen werden sollten, kam es zu heftigen Kontroversen. Teile der Partei bestanden auf der älteren Position, dass Frauen weder ein aktives noch ein passives Wahlrecht ausüben sollten. Streit gab es auch darum, ob die Kandidatinnen auf den Wahlplakaten mit Bild vorgestellt werden dürften.

Interessant ist, dass die Nûr-Partei ein nahezu vollständiges Wahlprogramm vorgelegt hatte. Im Zusammenhang mit der Agrarpolitik fordert sie z. B. eine Förderung der Landwirtschaft mit dem Ziel, dass die eigene Produktion zur ägyptischen Unabhängigkeit von Nahrungsmittelimporten führen sollte. Zugleich forderte sie, dass Monopolbildungen im wirtschaftlichen, vor allem im industriellen Bereich durch staatliche Eingriffe verhindert werden sollten. Ebenso sprach sich die Partei für ein gleichmäßiges und gerechtes Einkommen für alle Ägypter aus, lehnte einen Mindestlohn aber ab. Der erforderliche Ausgleich zwischen den verschieden hohen Einkommen solle vielmehr durch die Zakât, die Glaubenspflicht des Almosens, ermöglicht werden. Dass der Banksektor reformiert und das islamische Zinsverbot aus der Sicht der Nûr-Partei beachtet werden sollten, wird nicht weiter überraschen. Die Partei betonte zwar das grundsätzliche Recht der Arbeiter zu streiken. Sie gab aber zu bedenken, dass in der derzeitigen schwierigen ökonomischen Situation der ägyptischen Wirtschaft von Streiks Abstand genommen werden sollte. Zentrales Thema der Wahlaussagen war die Einführung der Scharia als alleinigem politischem und rechtlichem Kanon. Zu dieser Zielsetzung fanden sich jedoch unterschiedliche Positionen innerhalb der Partei. Ein Teil der Mitglieder war der Meinung, dass die Scharia schrittweise und unter Beachtung der gesellschaftlichen Entwicklungen eingeführt werden sollte. Auf diese Weise sollte verhindert werden, dass die Bevölkerung sich durch eine übereilte Einführung des islamischen

Rechts von den Vorstellungen der Partei entfremden könnte. Auch hier konnten sich die Vertreter dieser Position auf alte Argumente stützen: Im Laufe der Offenbarung des Korans haben sich in einigen Punkten wie z. B. dem Weingenuss Verschärfungen erst nach und nach ergeben. Die Korankommentatoren erklären das damit, dass Gott in seiner Weisheit die Menschen mit der gleichzeitigen Einführung aller Gebote und Verbote nicht überfordern wollte. Andere Vertreter der Nûr-Partei meinten dagegen, dass die Scharia unverzüglich einzuführen sei. Sie waren überzeugt, dass sich die islamistischen und neo-salafistischen Parteien ohnehin durchsetzen würden. Dann gäbe es keine politische Kraft mehr, die die Einführung der Scharia in Ägypten verhindern könnte. Betrachtet man die politischen Äußerungen der Nûr-Partei in der Rolle eines Vertreters eines politischen Neo-Salafismus, kann festgehalten werden, dass ihre Konzepte von einem gehörigen Maß an Pragmatismus geprägt sind. Damit bestätigen sich die entsprechenden Befürchtungen der Vertreter eines puristischen Neo-Salafismus.

## Die dschihâdistischen Neo-Salafisten

Der dschihâdistische Neo-Salafismus stellt die jüngste Entwicklung des Neo-Salafismus dar. Dschihâdistische Konzepte gab es bekanntlich schon seit den 1970er Jahren in Ägypten. Sie prägten den Neo-Salafismus aber zunächst nur in geringem Maße. Erst in der Mitte der 1990er Jahre entwickelte sich die dschihâdistische Form deutlich erkennbar aus dem politischen Salafismus heraus in Saudi-Arabien. Unmittelbarer Anlass zu dieser Entwicklung war der Einmarsch allliierter Truppen in Saudi-Arabien mit dem Ziel, die irakischen Truppen 1990/91 aus Kuwait zu vertreiben. Die wichtigsten Vertreter dieses dschihâdistischen Neo-Salafismus waren Safar al-Hawâlî (geb. 1950), Salmân al-'Auda (geb. 1955), 'Â'id al-Qarnî (geb. 1959) oder Nâsir al-'Umar (geb. 1952). Sie alle waren Mitglieder der in den 1960er Jahren gegründeten Vereinigung ›as-Sahwa al-islâmiyya‹ (Islamisches Erwachen). Ursprünglich hatte die Gruppe keine eindeutigen politischen Ambitionen. Sie richtete sich anfangs vor allem gegen saudische Literatengruppen, denen sie unislamisches Verhalten vorwarf. Die saudische Religionspolitik zeichnet sich besonders durch die kontinuierliche Bemühung aus, kritische Gruppen durch die Verteilung von Posten oder Privilegien in die religiösen Strukturen des Landes einzubinden. Bei den jüngeren Mitgliedern der Sahwa-Gruppe gelang diese Vereinnahmung nach der Ankunft der amerikanischen und britischen Truppen trotz aller diesen auferlegten Restriktionen jedoch nicht. Vor allem al-Hawâlî und al-'Auda äußerten sich zu der Ankunft von ›heidnischen Truppen‹ im Land der heiligsten Stätten des Islams ausgesprochen kritisch. Mit ihrer Kritik trafen sie offenbar einen Nerv zahlreicher Neo-Salafisten. Sie beklagten darüber hinaus auch die teilweise wenig mit den Vorschriften des Islams zu vereinbarenden Verhaltensweisen zahlreicher Prinzen des saudischen Königshauses. Daher wurden sie und einige ihrer Anhänger 1995 inhaftiert und erst 1999 wieder freigelassen. Einige Mitglieder der Sahwa-Gruppe hatten danach ihre Lektion gelernt. Sie hatten verstanden, dass man das saudische Regime nicht kritisieren durfte. Das hielt sie aber nicht davon ab, die völkerrechtswidrige Invasion alliierter Truppen in den Irak 2003 heftig zu kritisieren und z. B. die Bewohner der westlich von Baghdad gelegenen Stadt Falludscha aufzufordern, sich gegen die amerikanischen Truppen zu wehren. In den einzelnen Formulierungen war die entsprechende Fatwa zum Widerstand erstaunlich differenziert. Die Verfasser erklärten zunächst, es sei die Pflicht eines jeden, der dazu in der Lage sei, sich dem Widerstand anzuschließen. Personen, die diese Aktionen nicht aktiv unterstützen könnten, hätten auf andere Mittel zurückzugreifen, um die Kämpfer zu unterstützen. Allen sei es jedoch untersagt, gegen andere Muslime zu kämpfen. Natürlich dürften sie die amerikanischen Truppen auf keinen Fall in irgendeiner Weise unterstützen. Bemerkenswert ist an dieser Fatwa auch, dass die gerade im Irak verfeindeten Konfessionen der Sunniten und der Schiiten insgesamt aufgerufen werden, sich gegen die Amerikaner als den gemeinsamen Feind zusammenzuschließen. Auch wenn die Fatwa nicht direkt dazu aufrief, dass Muslime aus anderen Teilen der islamischen Welt zum Kampf gegen die Amerikaner in den Irak eilen sollten, hieß es doch, dass die Gläubigen ihren irakischen Brüdern beizustehen hätten in jeder nur möglichen Weise.

Die Kritik der puristischen Neo-Salafisten an den beiden anderen Gruppen erzeugte inzwischen teilweise heftige Gegenreaktionen. So werden die puristischen Gelehrten als ›Gelehrte der Macht‹ bezeichnet oder als ›Lakaien der Herrscher‹ oder als ›korrupte Gelehrte‹. Die Dschihâdisten meinen, dass der Fehler der Puristen darin liege, dass sie es versäumten, den Menschen die Fehler und Verbrechen der herrschenden Potentaten bekannt zu machen und sie anzuprangern. Wenn sie deutlich Position bezögen, könne jedermann verstehen, dass es unbedingt erforderlich sei, sich gegen diese heidnischen Gewaltherrscher zur Wehr zu setzen. Den Puristen wird nicht vorgeworden, dass sie vom Islam abgefallen seien, sondern dass sie zögerten, ihre Erkenntnisse in Aktionen umzusetzen und sich gegen die herrschenden Cliquen zu wenden. Die zentrale Frage ist in diesem Zusammenhang, ob und unter welchen Bedingungen sich ein Muslim gegen einen muslimischen Herrscher wenden kann. Diese Debatte geht schon auf die islamische Frühzeit zurück und hat zu schwerwiegenden und bis heute andauernden Verwerfungen in der islamischen Umma geführt. Besonders gravierend ist dabei die Auseinandersetzung zwischen der sunnitischen Mehrheit und der schiitischen Minderheit des Islams.

Ein Teil des dschihâdistischen Neo-Salafismus ist der Meinung, dass es sich bei den politischen Führern in der islamischen Welt in der Regel um Apostaten handele. Apostasie aber wird nach dem islamischen Recht unter bestimmten, genau festgelegten Bedingungen mit dem Tod bestraft. Folgerichtig könnten die wahren Gläubigen mit Waffengewalt gegen diese Gewaltherrscher vorgehen. In anderen Verlautbarungen findet sich jedoch die Ansicht, dass nicht ohne weiteres ein Muslim als Apostat bezeichnet werden darf. Aus seinen Handlungen allein kann man die Tatsache der Zugehörigkeit zum Islam ja nicht erkennen. Vielleicht handelt er so, wie er es tut, weil er durch korrupte Religionsgelehrte auf den falschen Weg geführt worden ist, vielleicht ist jemand zu seinem unislamischen Verhalten gezwungen worden. Vielleicht ist ein Muslim, vor allem ein muslimischer Herrscher jemand, der sich gegen den Willen Gottes versündigt, aber doch nicht die Einheit Gottes oder die Prophetenschaft Muhammads leugnet. Er ist in diesem Fall als Sünder zu betrachten, aber doch nicht als Apostat. Einheitliche Positionen sind hier selbst innerhalb der dschihâdistischen Neo-Salafiyya bisher noch nicht vereinbart worden.

Die im vergangenen Jahrzehnt wichtigsten Gruppierungen, die die Ideologie des dschihâditischen Neo-Salafismus für sich in Anspruch genommen haben, sind wohl al-Qaida und ISIS (Islamischer Staat im Irak und Syrien) bzw. IS (Islamischer Staat). Sie sollen in den folgenden beiden Kapiteln beschrieben und analysiert werden. Bei weiteren zahlreichen dschihâdistischen Gruppen sind die Übergänge zu kriminellen Organisationen teilweise fließend. Über ihre ideologischen Vorstellungen ist darüber hinaus nur wenig bekannt.

# Al-Qaida – Schreckgespenst von begrenzter Wirkung

*Das epochemachende Jahr 1979*

Zu Recht wird das Jahr 1979 als »epochemachend für die islamische Welt« bezeichnet. Im Frühjahr des Jahres kam die Herrschaft der Pahlawi-Dynastie im Iran, für viele Beobachter überraschend, zu einem Ende. Den Führern der islamischen Revolution gelang die Übernahme der Macht, vor allem aber waren sie in der Lage, diese Macht auch bis heute auszuüben – trotz mancher interner und externer Widerstände. Im November desselben Jahres besetzen radikale sunnitische Muslime die große Moschee in Mekka und brachten die Dynastie der Familie Saud fast zu Fall. Etwa um die gleiche Zeit rückten Truppen der Roten Armee der Sowjetunion in Afghanistan ein und begannen einen verlustreichen und schließlich erfolglosen Krieg um die Kontrolle des Landes. Diese Invasion gilt im historischen Diskurs als Beginn des Endes der Sowjetunion. In den folgenden zehn Jahren veränderten sich die globalen Machtverhältnisse und manche Auguren sahen schon das »Ende der Geschichte« gekommen. Sie sollten sich gründlich irren; denn auf das bipolare globale Machtsystem des Ost-West-Konflikts folgte wider Erwarten kein einzelner Hegemonialstaat, der die politischen und wirtschaftlichen Entwicklungen in der Welt kontrollieren und lenken konnte. Manche Politiker und Analysten mögen den bekannten Konstellationen gemäß erwartet haben, dass diese Rolle von den USA eingenommen würde. Sie wurden in den folgenden beiden Jahrzehnten eines Besseren belehrt. Mit China ist ein neuer Akteur auf dem internationalen Feld erschienen, Russland hat einen Teil der Macht der Sowjetunion zurückgewonnen. Formen des radikalen Islams mögen bisher keine dominierende regionale oder gar globale Position eingenommen haben, stören aber die strategischen und taktischen Überlegungen der großen politischen Kraftblöcke.

## Afghanistan – Brutstätte des dschihâdistischen Islamismus

Kurz nach der Invasion der sowjetischen Truppen entwickelten sich in Afghanistan einige Widerstandsbewegungen, die sich aus den unterschiedlichsten ethnischen und politischen Gruppierungen zusammensetzten. An erster Stelle bildeten sich dabei paschtunische und islamistische Organisationen. Sie wurden in ihrem Kampf von den USA auf vielfältige Weise direkt oder indirekt über pakistanische Institutionen und den pakistanischen Geheimdienst unterstützt. Daneben förderten hauptsächlich einflussreiche pakistanische islamistische Gruppen wie die Jamâ'at-e islâmî (Islamische Gemeinschaft) die religiös orientierten afghanischen Widerstandsgruppen durch ihre internationalen Beziehungen vor allem zu den arabischen Golfstaaten. Aus der Sicht der Mehrheit der Muslime war der sowjetische Einmarsch nach Afghanistan ein Angriff auf die Gemeinschaft der Muslime insgesamt. Man unterstützte die afghanischen Glaubensbrüder nicht nur geistig und materiell, sondern auch ganz konkret durch Freiwillige, die sich dem Widerstand der afghanischen Glaubenskämpfer (*Mudschâhidîn*) anschlossen. Dabei leisteten verschiedene islamische Staaten direkte logistische Hilfe. Die staatliche saudische Fluggesellschaft stellte verbilligte Tickets für Glaubenskämpfer nach Pakistan zur Verfügung und in ägyptischen Moscheen forderten die Prediger mit staatlicher Billigung die jungen Männer auf, nach Afghanistan zu reisen und gegen die sowjetische Armee zu kämpfen. Für Anhänger islamistischer Vorstellungen, die in verschiedenen muslimischen Ländern von den Sicherheitsbehörden überwacht und teilweise auch verfolgt wurden, bot sich mit der Ausreise in Richtung Afghanistan zugleich die Möglichkeit, sich den staatlichen Repressalien im Heimatland zu entziehen. Während diese Auswanderung in den arabischen Staaten allgemein bekannt war und britische Zeitungen und Zeitschriften ausführlich über junge Muslime berichteten, die von England aus in den Dschihâd nach Afghanistan zogen, blieben vergleichbare Bewegungsmuster von Glaubenskämpfern aus Südostasien zunächst unbekannt. Es dauerte einige Zeit, bis den westlichen Beobachtern auffiel, dass in malaysischen oder indonesischen Tageszeitungen Todesanzeigen für junge Männer erschienen, in denen deren Heldentod im Dschihâd angezeigt wurde. Fachleute gehen von Zahlen von zehn- bis zwanzigtausend jungen nicht-afghanischen Kämpfern aus, die sich zwischen 1980 und 1992 dem Dschihâd gegen die Sowjettruppen angeschlossen haben. Die Zahl der afghanischen Mudschâhidîn betrug etwa 250.000 Kämpfer. Die Hauptlast des Kampfes trugen vorrangig also die Afghanen.

Wie die Führungen der verschiedenen afghanischen Widerstandsgruppen konzentrierten sich auch die politischen und ideologischen Spitzen der arabischen Kämpfer und ihre Unterstützungsorganisationen in der nahe der pakistanisch-afghanischen Grenze gelegenen Stadt Peschawar. Sie liegt in einer geographischen Region, in der verschiedene Stammesgruppen die politische, militärische und wirtschaftliche Kontrolle ausüben. Die Beziehungen zwischen diesen Stämmen und der pakistanischen Zentralregierung wurden lange Zeit von sogenannten »political agents« ausgeübt, also Militärs, die die Kontakte zu den Stammesführern hielten. Zumindest bis zum Einmarsch der Roten Armee nach Afghanistan sorgten diese Offiziere für reibungslose Beziehungen zwischen pakistanischer Armee, Administration und Politik auf der einen und den Stämmen auf der anderen Seite. Insgesamt handelte es sich auf beiden Seiten der Grenze um eine Region, die sich der direkten Einflussnahme der afghanischen bzw. der pakistanischen Zentral- oder Regionalregierung weitgehend entzog. Die Stammesältesten betrieben eine geschickte Politik gegenüber beiden staatlichen Zentralen mit dem Erfolg, dass sie sich eine beträchtliche Autonomie erhalten konnten. Intern sorgten sie durch Stammesversammlungen und die Anwendung des traditionellen Rechts dafür, dass die Zentralregierungen keinen Anlass zu irgendwelchen Eingriffen hatten. Natürlich waren alle Stammesangehörigen Muslime, auch wenn bei ihren religiösen Vorstellungen Heiligenverehrung, Geisterglaube und Magie eine bedeutendere Rolle spielten als die Lehren des orthodoxen Islams. Die dschihadistischen Einwanderer aus der arabischen Welt, die sich vornehmlich in Peschawar aufhielten und sich von dort aus an militärischen Aktionen der afghanischen Mudschâhidîn beteiligten, vermieden es, diese Form des Volksislams kritisch zu beurteilen. Stattdessen unterstützten sie aber solche afghanischen Führungspersönlichkeiten, denen sie in ihren neo-salafistischen Vorstellungen nahestanden.

## Der afghanische Widerstand und die Araber

Zu den wichtigsten afghanischen Vertretern dieser neo-salafistischen Haltung gehörten Gulbuddin Hekmatiyar (geb. 1947) oder Burhanuddin Rabbani (geb. 1940). Die arabischen Zuwanderer entwickelten ihrerseits eine solide Infrastruktur in Peschawar und richteten Anlaufstellen für begeisterte junge Mudschâhidîn aus der arabischen Welt ein. Von Beobachtern wurde aber festgestellt, dass zumindest die Araber eine weitestgehend in sich geschlossene Gruppe bildeten und ihre Kontakte zu anderen Widerstandsgruppen wenig ausgeprägt waren. Dagegen konnte sich innerhalb der arabischen nationalen Gruppe ein reger Austausch entwickeln, wie er in der arabischen Welt wegen der Behinderung der allgemeinen Mobilität durch die Sicherheitsdienste und der Spannungen zwischen verschiedenen arabischen Staaten kaum möglich gewesen war. Dass sich die Unterschiede zwischen den großen arabischen Regionen wie Nordafrika, Arabische Halbinsel oder dem Gebiet des Fruchtbaren Halbmonds nicht auflösen ließen, war allerdings auch eine Tatsache. Im Zentrum der Kooperations- und Kordinationsaktivitäten stand der gebürtige Palästinenser 'Abdullah 'Azzâm (1941–1989). Nach einer Lehrerausbildung hatte er in Damaskus und Kairo isla-

misches Recht studiert und schließlich dort an der berühm-
ten Azhar-Universität promoviert. Wegen seiner Nähe zu
den Muslimbrüdern wanderte er unter dem Druck der
ägyptischen Sicherheitsbehörden nach Saudi-Arabien aus
ins Exil. Auf saudische Vermittlung erhielt er eine Lehr-
tätigkeit an der Internationalen Islamischen Universität in
Islamabad. In Peschawar gründete er dann ein Verbindungs-
büro mit dem Namen ›Maktab al-Khidamât‹ (Service-Büro), das mit saudischer finanzieller Unterstützung die Aktivitäten von arabischen Sponsoren und Freiwilligen im
Kampf gegen die Rote Armee koordinierte. Als Koordinator
erhielt er Einsicht in die problematischen Strukturen des
afghanischen Widerstands mit ihren ständigen internen
Auseinandersetzungen. Daher gehörte es zu seinen vor-
nehmlichen Aufgaben, vor allem dafür zu sorgen, dass die
arabischen Kräfte nicht in diese Konflikte hineingezogen
wurden. Unter seiner Schriftleitung wurde auch die Zeitschrift ›al-Dschihâd‹ herausgegeben, in der für den Kampf
in Afghanistan geworben wurde. Wegen seiner organisatori-
schen und theologischen Kompetenz wurde ‘Azzâm schnell
zum führenden Vertreter der Araber in Peschawar. In dieser
Zeit verfasste er auch eine theoretische Schrift, die zur
Grundlage des Kampfes gegen die sowjetische Armee in
Afghanistan wurde. Sie erhielt den etwas sperrigen Titel
›Die Verteidigung der Länder der Muslime als wichtigste
individuelle Glaubenspflicht‹. In diesem Text führt er aus,
dass es im Fall eines Angriffs oder einer Besetzung eines
Teils des Gebiets des Islams (dâr al-islâm) die persönliche
Pflicht jedes Muslims in der entsprechenden Region ist,
den Dschihad aufzunehmen. Eine weitere Erklärung des

Dschihad durch eine regionale politische Autorität ist im akuten Fall nicht erforderlich. Falls die Zahl oder die militärische Kraft der Muslime der angegriffenen Region zum erfolgreichen Widerstand nicht ausreicht, sei es Sache der benachbarten Regionen, den Glaubensbrüdern zur Hilfe zu eilen. Falls unter diesen Bedingungen der Erfolg ausbleibt, müsse der Kreis der zum Dschihâd verpflichteten Muslime so lange erweitert werden, bis unter Umständen die gesamte islamische Welt sich diesem Dschihâd anschließt. Das Besondere an dieser Position ist, dass es sich bei der Dschihâd-Pflicht nach 'Azzâms Überzeugung um eine individuelle Pflicht des einzelnen Muslims handelt und nicht etwa um eine kollektive Pflicht, zu der die Muslime durch religiöse oder politische Autoritäten aufgerufen werden müssten. Dieser die gesamte islamische Welt einbeziehende Ansatz wird durch die Ausführung von 'Azzâm ergänzt, dass der Dschihâd so lange aufrechterhalten werden müsse, bis alle Gebiete der Welt, die historisch einmal zum Gebiet des Islams gehört haben, zurückerobert geworden seien. Dazu zählt er dann unter anderem die zentralasiatischen Regionen ebenso wie Teile der Philippinen oder Andalusien, vor allem aber auch seine Heimatregion Palästina. Erst wenn diese Rückeroberung erreicht sei, werde die Pflicht zum Dschihâd wieder eine kollektive Pflicht. 'Azzâm vertritt hier eine Position, die den Überzeugungen der orthodoxen islamischen Rechtsgelehrsamkeit in ihrer Mehrheit nicht entspricht. Diese sah die Pflicht zum Dschihâd ausschließlich als eine Verpflichtung für den Beherrscher der Gläubigen, den Kalifen, an. Es gehört zu den Besonderheiten der Entscheidungsfindung im islamischen Recht, dass in der

Frage der Ausrufung des Dschihâd bisher noch keine von allen Rechtsgelehrten übereinstimmend akzeptierte Meinung gefunden worden ist.

## Usama bin Laden in Afghanistan

Besonders fasziniert von den Überlegungen 'Azzâms war der junge saudische Betriebswirt Usama bin Laden (1957–2011). Er stammte aus einer saudischen Großfamilie. Sein Vater hatte aufgrund seiner guten Beziehungen zur saudischen Königsfamilie eines der größten Bauunternehmen des Landes aufgebaut und war dadurch sehr reich geworden. Wie weit Usama bin Laden schon in die Besetzung der großen Moschee in Mekka im Jahre 1979 involviert war, ist nicht klar. Zu einem späteren Zeitpunkt erklärte er die Täter bei dieser Attacke aber zu »wahren Muslimen«. Um 1984 lernten sich Bin Laden und 'Azzâm in Peschawar kennen und begannen im »Service-Büro« eine enge Zusammenarbeit. Dabei entwickelte sich eine gewisse Arbeitsteilung. 'Azzâm blieb der Theoretiker und intellektuelle Kopf, Bin Laden dagegen der Organisator und Praktiker. Bin Laden verfügte über gute Beziehungen nach Saudi-Arabien und zu den reichen Golf-Emiraten. Es gibt Hinweise darauf, dass er es war, der die eingeworbenen Spenden verteilte und ihre korrekte Verwendung kontrollierte. In der zweiten Hälfte der 1980er Jahre gewannen ägyptische Islamisten dann immer stärker an Einfluss unter den Arabern in Peschawar. Die Interessen dieser ägyptischen Ankömmlinge unterschieden sich deutlich von denen 'Azzâms. Dieser wollte den Dschihâd nach dem zu erwartenden Erfolg in Afghanistan in seiner Heimat Paläs-tina fortsetzen, während die Ägypter den Sturz des Muba-rak-Regimes zu ihrem vordringlichen Ziel erklärten. Unter diesen Ägyptern tat sich Ayman al-Zawâhirî (geb. 1951) hervor, der sich während seines Medizinstudiums radikali-siert hatte. Schon 1980 hatte er in Peschawar kurzfristig als Arzt gearbeitet. In das Sadat-Attentat von 1981 war er wohl nur am Rande involviert. Jedenfalls wurde er nur wegen illegalen Waffenbesitzes zu drei Jahren Haft ver-urteilt. Nach seiner Freilassung reiste er über Amman dann wieder nach Peschawar. Rasch kam es zu Spannungen zwi-schen 'Azzâm und al-Zawâhirî in der Frage, ob sich der Kampf zunächst gegen der »nahen Feind« oder vielmehr gegen den »fernen Feind« wenden sollte. Unter dem nahen Feind wurden die jeweiligen aktuellen politischen Regime in der arabischen oder islamischen Welt verstanden, die nach Ansicht der Dschihâdisten das eigentliche Übel für den Islam darstellten. Als der ferne Feind wurde dagegen der Kolonialismus oder der Westen als solcher angesehen, der weite Teile der islamischen Welt politisch, kulturell, wirt-schaftlich oder militärisch kontrolliere. 'Azzâm forderte, den Kampf gegen den fernen Feind in Angriff zu nehmen, die Ägypter den gegen den nahen Feind. Neben diesen theo-retischen Auseinandersetzungen bestand aber auch ein Kon-flikt um den Zugang und die Verteilung der Ressourcen, die durch das »Service-Büro« gesammelt und kontrolliert wur-den. Die Positionierung Bin Ladens zu dieser theoretischen Debatte ist nicht eindeutig festzumachen. Daher sind Fach-leute der Meinung, er habe den gleichzeitigen Dschihâd gegen beide Feinde für möglich gehalten. 'Azzâm wurde 1989 bei einem Attentat getötet. Die Hintergründe seines Todes wurden nicht geklärt. Auf jeden Fall übernahmen die Ägypter nun das »Service-Büro«. In Erwartung des Rückzugs der Roten Armee aus Afghanistan hatte der Pragmatiker Bin Laden eine Datenbank erstellt, in der die Namen aller zu irgendeinem Zeitpunkt in Afghanistan aktiven arabischen Dschihâdisten zusammengefasst waren. Sie erhielt den Namen ›al-Qâ'ida‹ (Die Basis). So entstand der Name des Netzwerks, das dann für die Attentate vom 11. September 2001 und für zahlreiche weitere Terroranschläge verantwortlich zeichnete.

## Die Konsequenzen aus dem Rückzug der Roten Armee

Nach dem Ende der Kämpfe in Afghanistan schlossen sich manche der arabischen Mudschâhidîn den verschiedenen afghanischen Milizen an. Ein größerer Teil aber entwickelte sich zu einer Art von mobiler Mudschâhidîn-Truppe, die vor allem bei den Balkankriegen der 1990er Jahre, im algerischen Bürgerkrieg zwischen 1991 und 2000 oder in den Tschetschenienkriegen von 1994 bis 1996 und 1999 bis 2009 eingesetzt wurden. Man könnte sie durchaus als eine muslimische Söldnertruppe beschreiben.

Der Erfolg der Mudschâhidîn in ihrem Krieg gegen die Rote Armee in Afghanistan schuf ein tiefgreifendes neues Selbstbewusstsein in weiten Teilen der muslimischen Gesellschaften in der islamischen Welt und darüber hinaus. Zum ersten Mal seit dem Beginn der europäischen kolonialen

Expansion war es muslimischen Kämpfern gelungen, eine ›westliche‹ Macht aus einem vor ihr eroberten Gebiet zu vertreiben. Die Erfolge des antikolonialen Kampfes in den verschiedenen islamischen Staaten nach dem Zweiten Weltkrieg wurden wegen der nationalistischen Aspekte in diesem Zusammenhang ignoriert. Die Tatsche, dass der Kampf in Afghanistan nur mit der Unterstützung der USA erfolgreich zu Ende gebracht werden konnte, wurde von den Mudschâhidîn und von der muslimischen Öffentlichkeit angesichts des neu entstandenen Selbstbewusstseins ebenfalls übersehen. Bei Usama bin Laden entwickelte sich offenbar die Überzeugung, dass vor allem die arabischen Kämpfer zum Erfolg in Afghanistan beigetragen hätten. Mit diesem Gefühl kehrte er 1989 oder 1990 nach Saudi-Arabien zurück. Er war zu diesem Zeitpunkt einer von mehreren Dschihâdistenführern, der auch noch bis 1996 im Westen nur einer kleinen Zahl von Spezialisten in den Sicherheitsdiensten bekannt war.

*Bin Ladens Konflikt mit dem saudischen Herrscherhaus*

Am 2. August 1990 rückten, ohne auf große Gegenwehr zu stoßen, irakische Truppen in das Scheichtum Kuwait ein. Die Weltöffentlichkeit war besorgt, dass es sich dabei nur um einen ersten Schritt handele und die Besetzung Saudi-Arabiens alsbald folgen werde. Damit hätte der Irak einen hohen Anteil an der Weltenergieproduktion an Öl und Gas kontrollieren können. Das wäre eine Situation gewesen, die für die westlichen Industrienationen erhebliche Risiken hätte beinhalten können. Nach einigen Tagen des Zögerns entschlossen sich die USA mit einigen Alliierten zusammen, eine Militäroperation zum Schutz Saudi-Arabiens durchzuführen, die den Namen »Desert Shield« erhielt. Zur Verhinderung weiterer Eroberungen durch den Irak wurden größere amerikanische und britische Truppenkontingente nach Saudi-Arabien verlegt. Der saudischen Führung war bewusst, dass sie mit der Zustimmung zum Einmarsch westlicher Truppen ein innenpolitisches Risiko einging. Das Land beherbergt mit den heiligen Stätten in Mekka und Medina die größten Heiligtümer der islamischen Welt. Von vielen Muslimen wird das ganze Land deshalb geradezu als heilig betrachtet. Die Regeln des Islams werden im Königreich offiziell ohnehin strikt befolgt. Nach saudischem Selbstverständnis gilt die Scharia als das allein gültige Recht, auch wenn es daneben noch die königlichen Befehle gibt, die ebenfalls rechtsverbindlich sind. Das Praktizieren nicht-islamischer religiöser Rituale ist verboten. Das führte nach dem Einmarsch der US-Truppen zu der Situation, dass nur unter Schwierigkeiten christliche Feldgeistliche die amerikanischen Truppen betreuen durften. Skurril war, dass zu Weihnachten auch keine Tannenbäume importiert werden durften. Trotz dieser den islamischen Charakter des Landes bewahrenden Maßnahmen wurde der Einmarsch von frommen Saudis sehr kritisch gesehen. Usama bin Laden sah diesen Vorgang ebenfalls als sehr gravierend an. Er reagierte auf den irakischen Einmarsch in Kuwait mit dem Vorschlag an das saudische Königshaus, mit den ihm zur Verfügung stehenden arabischen Mudschâhidîn aus Afghanistan und der saudischen Armee gegen die Iraker militärisch den

Kampf aufzunehmen. Bin Laden war davon überzeugt, dass er die irakischen Invasoren vertreiben könnte. Die saudische Führung hatte diesen Vorschlag in einer realistischen Analyse der militärischen Machtverhältnisse jedoch dankend abgelehnt.

## Verlagerung der Aktivitäten in den Sudan

Ende 1991 musste Bin Laden Saudi-Arabien verlassen, um einer Verhaftung durch die Sicherheitskräfte zu entgehen. Er ließ sich in der Folge für fünf Jahre im Sudan nieder. Dort war 1989 durch einen Militärputsch ein Regime unter der Führung von General Omar al-Baschir (geb. 1944) an die Macht gekommen, das einen strikt islamischen Kurs verfolgte. Politische Stabilität erhielt das Regime unter anderem durch die ›Nationale islamische Front‹ des Juristen Hasan al-Turâbî (geb. 1932), der als einer der ersten Sudanesen an der Sorbonne in Paris 1964 einen Doktortitel erworben hatte. Nach seiner Rückkehr in den Sudan engagierte sich al-Turâbî in verschiedenen politisch-islamischen Organisationen. Vor allem gehörte er zu den Mitbegründern des sudanesischen Zweigs der Muslimbruderschaft. Über die lange Dauer seiner politischen Aktivität veränderten sich seine religiösen Positionen immer wieder. Heute gilt er als ein gemäßigter Fundamentalist. Zu Beginn der 1990er Jahre propagierte er jedoch die Einführung der Scharia im Sudan. Daher wurde das Land Zufluchtsort von zahlreichen ehemaligen arabischen Afghanistan-Kämpfern, die in ihren Herkunftsstaaten mit Verfolgungen rechnen mussten. Die

Übersiedlung Bin Ladens in den Sudan war also nichts Ungewöhnliches. Er fand auch bereitwillig Aufnahme, weil sich das Regime seiner finanzielle Mittel und seiner guten Kontakte zu Investoren von der Arabischen Halbinsel bedienen wollte. In den folgenden Jahren baute Bin Laden in Khartum eine Reihe von Baufirmen auf und gründete große landwirtschaftliche Farmen, in denen er auch zahlreichen Mudschâhidîn eine Anstellung ermöglichte.

Der Sudan war unter General al-Baschir bis in die Mitte der 1990er Jahre ein Land, das einer Reihe von radikal-islamischen Gruppen als Basis für ihre Aktionen diente. Hauptziel dieser Gruppen war, das Regime von Husni Mubarak in Ägypten zu stürtzen. Immer wieder wurden hier Attentate gegen ägyptische Politiker geplant, die dann in verschiedenen Ländern auch tatsächlich durchgeführt wurden. Andere Gruppen richteten ihre Aktionen gegen die USA. Das spektakulärste Ziel war das World Trade Center, in dem 1993 durch den in Kuwait aufgewachsenen Belutschen Ramzi Yusuf (geb. 1968) eine Bombe zur Explosion gebracht wurde. Es gib den Verdacht, dass bei diesem Attentat auch der später mit dem Angriff vom 11. September 2001 auf dasselbe Gebäude involvierte Khalid Scheich Mohammed (geb. 1964) beteiligt war. Ob Bin Laden die Aktion unterstützte, ist nicht verbürgt. Da der Sudan Ausgangspunkt all dieser Angriffe war, wurde das Land auf die Liste der Terrorstaaten gesetzt. Das hatte negative Auswirkungen nicht nur auf die Wirtschaft des Landes, sondern auf seine gesamte politische und gesellschaftliche Entwicklung. Al-Baschir und al-Turâbî änderten schließlich ihre Politik und entzogen den radikal-islamischen Gruppen ihre Unterstützung. Die Mitglieder dieser Gruppen mussten das Land verlassen.

## Zurück in Afghanistan

Im Jahr 1996 konnte auch Bin Laden nicht mehr im Sudan bleiben und siedelte nach Jalalabad in Afghanistan über. Zu dieser Zeit befand sich das Land wieder einmal in einem Bürgerkrieg. Verschiedene radikal-islamische Fraktionen bemühten sich um die Unterstützung des saudischen Millionärs. Bin Laden hatte in Jalalabad die Möglichkeit, so aufzutreten, dass er von einer breiteren Öffentlichkeit wahrgenommen werden konnte. Im August 1996 veröffentlichte er ein Manifest, in dem er zum Dschihâd gegen Juden und Christen, vor allem aber gegen die USA und gegen Israel aufrief. Er stellte des Weiteren eine Liste von Regionen auf, in denen Muslime verfolgt wurden. Zu ihnen gehörten Länder wie Tadschikistan und Burma, aber auch einzelne Regionen wie Kaschmir und Assam in Indien, der Süden der Philippinen oder die Region Pattani in Thailand und nicht zuletzt Bosnien und Tschetschenien. Die Ursache für die Verfolgung und Unterdrückung all dieser muslimischen Gruppen und Völker sah Bin Laden bei den USA und dem Westen im Allgemeinen. Neben dem Aufruf zum Dschihâd gegen den Westen als den ›fernen Feind‹ ging es ihm aber auch um den Kampf gegen den ›nahen Feind‹, der für Bin Laden durch das Herrscherhaus Saudi-Arabiens ein Gesicht erhalten hatte. Der entsprechende Slogan lautete: »Vertreibt die Polytheisten von der Arabischen Halbinsel.« Mit den

Polytheisten sind vor allem die USA gemeint. In der Zusammenarbeit des saudischen Königshauses mit den USA und anderen westlichen Staaten sah Bin Laden die Hauptursache für alle wirtschaftlichen und gesellschaftlichen Probleme des Landes. Er schreibt: »Wir wissen, dass das Regime die volle Verantwortung für alles trägt, was im Land vor sich geht und was die Diener Gottes belastet. Der eigentliche Grund für alle Anfechtungen aber ist der amerikanische Feind und Besatzer. Deshalb müssen wir uns darauf konzentrieren, ihn zu vernichten und gegen ihn zu kämpfen, bis er besiegt ist.« Bei seinen Ausführungen ging Bin Laden davon aus, dass einige wenige Attentate ausreichen würden, die USA aus Saudi-Arabien zu vertreiben. Dabei wies er vor allem auf Beispiele aus der Vergangenheit hin. Auch später bezog er sich immer wieder auf ein Attentat der libanesischen schiitischen Hizballah auf ein Camp US-amerikanischer Truppen 1983 im Libanon, das in der Folge zum Abzug aller US-Soldaten aus dem Libanon geführt hatte. Als anderes Beispiel diente Bin Laden die Reaktion der USA, nachdem in Mogadischu in Somalia von Aufständischen die Leiche eines amerikanischen Soldaten 1993 durch die Straßen geschleift wurde. Kurz darauf zogen sich auch hier die USA zurück. Dass es sich in beiden Fällen um Situationen gehandelt hatte, in denen in Washington ohnehin schon lange zuvor über den Rückzug debattiert worden war, war Bin Laden wohl nicht bekannt. In seinem ersten bedeutenden Text kombinierte Bin Laden also den Aufruf zum Kampf gegen den ›nahen Feind‹ mit dem gegen den ›fernen Feind‹. Nach Ansicht von Experten wie Guido Steinberg konnte Bin Laden auf diese Weise radi-

kale Muslime mit regional begrenzten Zielen ebenso
ansprechen wie solche, die eine internationale Zielrichtung
für ihre Aktionen bevorzugten.

## Die organisatorischen Strukturen von al-Qaida

In zahlreichen populären Darstellungen wurde zunächst ein
Bild von al-Qaida als eine Großorganisation des islamischen Terrorismus verbreitet. Erst in den letzten Jahren
hat sich durch eine genauere Analyse eine konkrete Kenntnis der Organisationsstrukturen ergeben. Schon in den ersten Auflagen dieses Buches ist darauf hingewiesen worden,
dass es sich eher um ein Netzwerk als um eine strikt
geführte Organisation handelte. Inzwischen hat sich diese
Einschätzung mehr oder weniger bestätigt. Guido Steinberg
vertritt den Standpunkt, dass man bei al-Qaida »als eine
strukturierte Organisation mit einer hierarchischen Führung« nur zwischen 1997/98 und 2001 sprechen kann. Er
beschreibt sie als »eine Kernorganisation, ... die sich noch
1996 hauptsächlich aus saudi-arabischen, jemenitischen
und – in geringerer Zahl – kuwaitischen Staatsbürgern zu-
sammensetzte, die mit Ägyptern verbündet war.« Es handelte sich also um eine arabische Organisation, in der nach
Schätzungen nur 10 Prozent der Mitglieder nicht aus der
arabischen Welt stammten. Viele radikal-islamische Ägypter lehnten die Zusammenarbeit mit Bin Laden jedoch ab,
weil sie sich auf den Kampf gegen das Mubarak-Regime
konzentrieren wollten. Zu denen, die sich nach einigem
Zögern Bin Laden und al-Qaida anschlossen gehört Ayman

al-Zawâhirî, dem die Formulierung des ideologischen Konzepts vom ›nahen Feind‹ und vom ›fernen Feind‹ zugeschrieben wird. Er begründete seine Kooperation mit Bin Laden so: »Der Kampf für die Errichtung eines islamischen Staates kann nicht als regionaler Kampf geführt werden. Es wird deutlich, dass die Allianz der Juden und der Kreuzzügler, angeführt von den Vereinigten Staaten, es keiner islamischen Kraft erlauben wird, die Macht in irgendeinem muslimischen Land zu übernehmen. … Um uns dieser neuen Realität anzupassen, müssen wir uns für eine Schlacht vorbereiten, die sich nicht auf eine einzelne Region beschränken wird, sondern auf eine, die sowohl den nahen Feind als auch den fernen Feind, die Allianz der Juden und Kreuzzügler einschließt.« (Übers. Guido Steinberg)

Das Besondere an den zahlreichen folgenden Botschaften von Bin Laden war, dass er als einer der ersten radikalen muslimischen Führer konsequent moderne Informationsmedien für seine Auftritte nutzte. Gewiss war es mit der Entwicklung multifunktionaler Medien schon üblich geworden, dass Prediger und Rechtsgelehrte ihre Äußerungen über Video und besonders über Audio-Kassetten flächendeckend verbreiteten. Als bekanntestes Beispiel gelten in der technischen Frühphase die Audio-Kassetten des iranischen Revolutionsführers, Ayatollah Khomeini. Berührungsängste gegenüber all diesen technischen Innovationen oder Anfragen an das islamische Recht hatte es bei allen Themen dieser ›unstatthaften Neuerungen‹ nie gegeben. Bin Laden nutzte zunächst vor allem Video-Botschaften, die vorrangig durch den ersten arabischen Satelliten-Sender ›al-Jazeera‹ verbreitet wurden. In seiner Rhetorik legte Bin

Laden Wert auf ein ruhiges, sorgfältig und korrekt gesprochenes Hocharabisch. Seine Argumente unterstrich er mit zahlreichen Koranzitaten und der Bezugnahme auf Prophetenaussprüche. Wo es sich ergab, zitierte er auch verschiedene mittelalterliche muslimische Geistesgrößen. Auf diese Weise konnte er sich erfolgreich als kompetenter religiös-politischer Führer stilisieren. Er unterschied sich damit vor allem von zahlreichen politischen Führern der arabischen Welt, die eher eine raue Rhetorik bevorzugten, um auf diese Weise populär oder volksnah zu erscheinen.

## Finanzwege des Terrorismus

Spätestens nach den Attentaten vom 11. September 2001 hatten die westlichen Geheimdienste versucht, durch die Überwachung der internationalen Geldbewegungen Einsicht in die Planung weiterer Terrorattacken zu gewinnen oder diese durch das Einfrieren von Geldern sogar zu verhindern. Bei ihren Bemühungen übersahen die überwachenden Institutionen, dass es mindesten zwei Arten von Geldtransfer gibt, die sich der staatlichen oder überstaatlichen Kontrolle der internationalen Geldmarktströme weitgehend entziehen. Die eine Form ist schon seit dem islamischen Mittelalter als Hawâla-System bekannt. Dieses System, das aus einem Netz von muslimischen Kleinhändlern in der gesamten Welt besteht, steht dem Kunden für seine finanziellen Aktivitäten zur Verfügung. Die Teilnehmer an diesem Netz informieren telefonisch einen Partner in einem anderen Land oder einer anderen Stadt davon, dass ein

Kunde die Auszahlung einer festgelegten Summe an einen Empfänger erbittet. Diese Summe war jeweils zuvor eingezahlt worden. Daraufhin informiert der Partner den Empfänger, der sich das Geld dann auszahlen lässt. Bei anderer Gelegenheit erfolgt ein Transfer in umgekehrter Richtung, wobei die auszuzahlende Summe aus dem Kapital stammt, das bei dem ersten Transfer zu dem jeweiligen Händler gelangt ist. Die Händler erhalten einen kleinen prozentualen Anteil an der transferierten Geldsumme für ihre Dienstleistung. Dieses System funktioniert selbstverständlich nur, wenn unter den Mitgliedern des Netzwerks absolutes Vertrauen besteht; es ist dann aber ganz zuverlässig und funktioniert ungewöhnlich schnell. Es bedarf im Grunde nur zweier Telefonate.

Die andere Form ist modern, entzieht sich aber offenbar ebenfalls der staatlichen oder internationalen Kontrolle. Es handelt sich dabei um die zahlreichen Firmen für Bargeldtransfer, die man an Bahnhöfen, Flugplätzen und anderen hoch frequentierten Orten findet. Hier kann man Bargeld einzahlen, das an eine entsprechende Filiale der jeweiligen Firma weitergeleitet wird. Der Empfänger holt die eingezahlte Summe dann bei der Filiale ab. Auch hier muss eine festgelegte Vermittlungsgebühr gezahlt werden. Viele Jahre lang vernichteten die Firmen nach einer entsprechenden Toleranzzeit die vorhandenen Unterlagen, ohne dass sie von den entsprechenden Behörden oder Kontrollstellen eingesehen wurden. Auf diese Weise wurden die entsprechenden Bemühungen der Sicherheitsdienste unterlaufen.

Bin Laden und der Führung von al-Qaida war nur zu deutlich bewusst, dass sie zu einer direkten militärischen Konfrontation mit den USA, wie sie bei den Kämpfen gegen die Rote Armee in Afghanistan zum Erfolg geführt hatte, nicht in der Lage waren. Die Durchführung von Attentaten dagegen war als Mittel der Machtdemonstration oder der Einschüchterung im Nahen Osten spätestens seit dem Olympia-Attentat in München 1972 als zweckmäßig erkannt worden. Dass es gegen diese Vorgehensweise zunächst keine Abwehrmittel gab, zumal wenn es sich um die besondere Form des Selbstmord-Attentats handelte, mussten auch die Vertreter der arabischen wie der westlichen Sicherheitsdienste zugeben. Aus Sicht der islamischen Gelehrtenschaft ergab sich aber ein ethisches Problem. Es gehört zu der Methode von Terrorangriffen, auch und gerade Angehörige der Zivilbevölkerung zu treffen. Dies entspricht jedoch nicht den islamischen Regeln von Kriegführung. Seit der islamischen Frühzeit war festgelegt worden, dass Frauen und Kinder, Schwache und Kranke bei kriegerischen Handlungen geschont werden müssten. Bin Laden versuchte, dieses ethische Problem mit dem Argument zu entschärfen, dass diese Art der Kriegführung die einzige Möglichkeit sei, die USA zum Rückzug aus der islamischen Welt zu zwingen. Die Mehrzahl der muslimischen Gelehrten lehnte seine Vorgehensweise jedoch ab. Der populäre TV- und Internet-Gelehrte, Scheich Yusuf al-Qaradâwî (geb. 1926), erklärte, dass solche Selbstmordattentate nur in Palästina bzw. Israel als gerechtfertigt angesehen werden dürften.

148

Aus seiner Sicht handelte es sich um eine Situation, in der man davon ausgehen müsse, dass alle israelischen Opfer die Besetzung Palästinas und die Gründung des Staates Israel unterstützten. Palästina sieht al-Qaradâwî aber als Teil des Gebiets des Islams (*dâr al-islâm*) an, das zurückgewonnen werden muss. Alle Israelis, unabhängig von Alter, Geschlecht oder Gesundheitszustand sieht der Gelehrte als Kombattanten in dieser Auseinandersetzung an, die daher Ziel von Attentaten sein dürfen. Terrorattacken, denen Muslime zum Opfer fallen, lassen sich aus seiner Sicht dagegen nicht rechtfertigen. Es finden sich einige wenige Gelehrte, die Argumente für Attentate vorbringen, von denen in den vergangenen Jahrzehnten vor allem Muslime betroffen waren. Sie erklären, dass die unschuldigen Opfer solcher Attacken als Märtyrer betrachtet werden müssten. Als solche kommen sie aber nach muslimischer Überzeugung direkt ins Paradies. Das sei dann für sie ein Vorzug, den man nicht beklagen dürfe. Die Tatsache, dass diese Begründungen vor allem im Internet Verbreitung finden, hat innerhalb der islamischen Gelehrtenschaft lebhafte Debatten über die Problematik der vielfältigen Interpretationen des islamischen Rechts in den sozialen Medien angestoßen. Grundsätzlich werden solche Argumentationen von der weit überwiegenden Mehrheit der muslimischen Rechtsgelehrten strikt abgelehnt.

Die ersten Attentate von al-Qaida ereigneten sich am 7. August 1998 gegen die amerikanischen Botschaften von Nairobi und Daressalam. Die Wahl des Tages hatte Symbolwert. Am 7. August 1990 hatte der saudische König Fahd die USA um Hilfe gegen eine mögliche irakische Invasion seines Landes gebeten, nachdem Kuwait bereits besetzt worden war. Ziel der Anschläge war es, die USA zu bewegen, Saudi-Arabien zu verlassen. Bei den beiden Terrorattacken kamen insgesamt 225 Menschen ums Leben, die Zahl der Verletzten ging in die Tausende. Die durch das Ausmaß der Verwüstungen hervorgerufene Wirkung sollte auch durch die Gleichzeitigkeit der Angriffe verstärkt werden. Durchgeführt waren diese Attentate von Tätern, die aus Ägypten stammten und den dortigen radikal-islamistischen Gruppen zugerechnet wurden. Bemerkenswert war die zeitliche Koordination der Aktionen, die sich offenbar auf ein Netzwerk von arabischen Helfern in Kenia und Tansania stützen konnten. Dabei handelte es sich um Einzelpersonen, deren Familien teilweise schon seit Generationen in den ostafrikanischen Küstenstädten lebten und dort als Händler ihren Lebensunterhalt verdienten. Dass alle Helfer der Attentäter in die Vorhaben eingeweiht waren, kann bezweifelt werden.

Objektiv muss festgestellt werden, dass die Attentate auf die beiden amerikanischen Botschaften nicht den von Bin Laden erwarteten politischen Erfolg hatten. Im Grunde war das Gegenteil der Fall. Die Operationsbasis von al-Qaida war immer noch Afghanistan. Hier war seit Ende 1996 eine gewisse Konsolidierung der politischen Verhältnisse eingetreten. Die Taliban, wörtlich: die Religionsschüler, hatten Kabul erobert und kontrollierten weite Gebiete der paschtunischen Stammesregionen. Die Gruppe der Taliban entstand in den afghanischen Flüchtlingslagern in Pakistan während der Zeit der sowjetischen Invasion in Afghanistan. Ihre religiösen Vorstellungen waren stark von den strikt fundamentalistischen Lehren der pakistanischen

Deobandi-Gelehrten beeinflusst. Die Taliban hatten deren Normen mit den Regeln des traditionellen paschtunischen Rechts, des Paschtunwali, kombiniert. Ihr militärischer Erfolg war auch durch die Unterstützung der pakistanischen Geheimdienste ermöglicht worden. Während des Kampfes gegen die Rote Armee in Afghanistan hatte es eine enge Kooperation dieser Dienste mit US-amerikanischen Partnerorganisationen gegeben.

Die Führer der Taliban verstanden sich als islamische Gelehrte auf der Basis ihrer rechtlichen und religiösen Ausbildung. Schon aus diesem Grund fühlten sie sich den arabischen Gotteskriegern überlegen, deren religiöse Kompetenzen sie für sehr gering hielten. Daneben gab es aber auch politischen Überlegungen, die für die Taliban-Führung von Bedeutung waren. Dabei ging es ihnen vor allem um die Aufrechterhaltung ihrer guten Beziehungen zu Saudi-Arabien. In diesem Zusammenhang spielten nicht zuletzt auch finanzielle Motive eine Rolle. Sie forderten Bin Laden also auf, Kabul zu verlassen und nach Kandahar zu ziehen. Dieser versuchte seinerseits wie zuvor im Sudan, das Wohlwollen der Taliban-Führung durch Bauprojekte und ähnliche Investitionen zu gewinnen. Die Taliban aber kamen mit den Spitzen der saudischen Sicherheitsdienste überein, Bin Laden nach Saudi-Arabien auszuliefern. Dann ergab sich eine Verkettung von unvorhergesehenen militärischen und politischen Entscheidungen. Die Anwesenheit und die Aktivitäten von Bin Laden im Sudan hatten mit zu der Ächtung des Landes als Terrorstaat durch die Gremien der Vereinten Nationen geführt. Luftangriffe der US Air Force kurz nach den Attentaten in Nairobi und Daressalam hatten im Sudan

151

schweren Schaden angerichtet. Wichtiger für die weitere Entwicklung jedoch waren Angriffe der US Air Force mit Marschflugkörpern auf Ausbildungslager afghanischer und pakistanischer Mudschâhidîn in Afghanistan. Diese Vorgehensweise der USA wollten die sehr traditionell geprägten Taliban-Führer nicht akzeptieren. Sie fürchteten, dass ihnen eine moderate Haltung nach diesen Angriffen von ihren innenpolitischen Gegnern als Zeichen politischer und militärischer Schwäche ausgelegt werden würde. Als Reaktion zogen sie ihre Zusicherung der Auslieferung Bin Ladens an Saudi-Arabien zurück. Damit hatte al-Qaida eine sichere territoriale Basis in der Region gewonnen. Bin Laden konnte nun eine effektivere Struktur für seine Dschihâd-Operationen aufbauen. Wie hierarchisch die Organisation strukturiert war, ist in der Fachwelt umstritten. Durch seine finanziellen Mittel und sein Charisma festigte Bin Laden seine Position als Führer der Gruppe. In zahlreichen Untersuchungen wird als ›zweiter Mann‹ der Ägypter Ayman al-Zawâhirî bezeichnet, der als theoretischer Kopf der Organisation angesehen wurde. Aber schon dessen Rolle ist unklar, weil seine Ziele und die von Bin Laden nicht in allen Punkten übereinstimmten. Aus einigen Berichten ist geschlossen worden, dass es eine Art von Gehorsams- und Treuegelöbnis nach dem Vorbild des Treue-Eids (Bai'a) des islamischen Mittelalters gegenüber Bin Laden gegeben hat, das al-Zawâhirî erst mit großer Verzögerung ablegte. Es gab ferner eine dritte Führungspersönlichkeit, die weniger bekannt ist. Es handelte sich um den engen Vertrauten von Bin Laden, Muhammad 'Âtif. Im Übrigen war Bin Laden in seinem Hauptquartier in Kandahar von einer Entourage umgeben, in der vor allem Saudis und Ägypter eine besondere Rolle spielten. Diese wurde nach muslimischer Tradition als Schura bezeichnet. Wie die einzelnen Entscheidungsprozesse sich gestalteten, ist nicht bekannt. Unterhalb dieses Führungszirkels gab es vier Komitees, für Militärfragen, für Finanzen, für religiöse Fragen und für Medienarbeit. Auch diese Ebene der Führungsstruktur hatte eine wenig präzise formulierte Aufgabenstellung. Möglicherweise hatte al-Qaida nicht genügend Zeit, um eine konkrete und effektive Struktur in diesen Bereichen aufzubauen.

## Der 11. September 2001

Betrachtet man die Aktivitäten von al-Qaida vor dem 11. September 2001, wird ebenfalls deutlich, dass die Zielvorstellungen der Führung keineswegs präzise waren. Die Angriffe auf die US-Botschaften und seine öffentlich wirksamen Auftritte hatten den Ruf Bin Ladens unter radikalen Islamisten gestärkt. Viele von ihnen wollten sich al-Qaida nun anschließen und reisten nach Afghanistan. Sie wurden dort nach Nationalitäten, regionalen Zugehörigkeiten und in einem Fall sogar nach Stammeszugehörigkeit getrennt und in Ausbildungslagern im Gebrauch mit Waffen und im Straßen- und Häuserkampf trainiert. Al-Qaida richtete sich also offenbar auf militärische oder paramilitärische Aktionen ein, mit denen vor allem arabische Staaten destabilisiert werden sollten. Erst später wurde auch die Ausbildung in konspirativem Verhalten in das Ausbildungsprogramm aufgenommen. Terroristische Aktionen wurden nach Ansicht einiger Beobachter vor allem als Unterstützung von erwarteten militärischen Aktionen verstanden. Diese Handlungsstrategien sind nicht unähnlich denen der Vertreter des russischen Anarchismus Ende des 19. Jahrhunderts, die von der ›Propaganda der Tat‹ sprachen.

Die Vorgänge um die Attentate auf das World Trade Center in New York und das Pentagon-Gebäude der Verteidigungsministeriums in Washington vom 11. September 2001 sind vielfach untersucht und analysiert worden. Übereinstimmung der verschiedenen Darstellungen herrscht darin, dass nach den Erfahrungen bei den Attentaten in Nairobi und Daressalam die Führung von al-Qaida die Strategie änderte. Es setzte sich die Erkenntnis durch, dass eine so komplizierte Operation wie die vom 11. September nicht von Personen des Bildungsstandes durchgeführt werden könnte, die für die Attentate in Nairobi und Daressalam ausreichte. Personen, die zu den Attentaten neuer Qualität befähigt waren, fanden sich dann vor allem in der sogenannten ›Hamburger Zelle‹. Die Gruppe bestand aus jungen, männlichen Muslimen, die nicht nur über Kenntnisse der westlichen Gesellschaften verfügten, sondern dort auch Lebenserfahrung gesammelt hatten. Im Übrigen zeichneten sie sich vor allem aber durch gutes technisches Wissen aus. Kennzeichnend für die Attentäter des 11. September war darüber hinaus ihre geringe Kenntnis der Grundlagen des islamischen Rechts und der muslimischen ethischen Normen. Diese Defizite werden aus dem sogenannten Testament eines der Attentäter deutlich. Die Idee zu dem Angriff auf das World Trade Center stammte wohl nicht von Bin Laden selbst, sondern von Khalid Scheich Mohammed (geb. 1964), einem Kuwaiti, der eigentlich aus Belutschistan stammte. Sein ursprünglicher Plan war kaum durchführbar. Osama Bin Laden soll es gewesen sein, der ihn in ein durchführbares Konzept brachte. Über die Motivation für diesen Angriff wird spekuliert. Vielleicht ging es der al-Qaida-Führung darum, mit diesen spektakulären Attentaten die USA dazu zu bewegen, eine Landkriegsoperation in Afghanistan durchzuführen, um sie in einen verlustreichen Guerillakrieg zu verwickeln. Die Hoffnung war wohl, dass es den US-Truppen genauso ergehen würde wie denen der Roten Armee. Diese Einschätzung stellte sich alsbald als ein folgenschwerer Irrtum heraus. Man hoffte im Übrigen einerseits auf den Zusammenbruch des westlichen Wirtschaftssystems durch die Zerstörung des World Trade Center. Zwar gab es in der Folge tatsächlich wirtschaftliche Turbulenzen. Sie führten aber nicht ins dauerhafte ökonomische Chaos. Die Vorstellung, dass andererseits nach einem Einmarsch von Truppen westlicher Mächte die islamische Welt in ihrer Gesamtheit gegen die westlichen Angreifer in den Kampf ziehen würde, war eine weitere Fehleinschätzung. Osama Bin Laden wurde in den folgenden Monaten zwar zu einem ›Popstar‹ des islamischen Radikalismus. Überall prangte in muslimischen Städten auf Postern sein Konterfei neben denen von Stars der Bollywood-Filmindustrie und den unvermeidlichen, aber kaum gekauften Bildern der herrschenden Könige oder Präsidenten. Der Name Osama wurde für einige Zeit der beliebteste Name für neugeborene muslimische Jungen. In den westlichen Medien wurde Bin Laden gerne mit dem ›Alten vom Berge‹ verglichen. Dabei handelte es sich um einen Führer der schiitischen Gruppe der Ismailiten, Raschîd al-Dîn (1133–1192), der während des Dritten Kreuzzugs eine politische wie militärische Rolle spielte. Von ihm berichten arabische wie lateinische Quellen, dass er junge Männer als Selbstmordattentäter benutzte. Sie werden als Assasinen bezeichnet. Das französische Wort für einen politischen Mörder ›Assassin‹ geht darauf zurück.

Entgegen Bin Ladens Erwartungen hielt sich die Wut oder Erschütterung über die Invasion der International Security Assistance Force (ISAF) in Afghanistan international unter Muslimen in Grenzen. Diese verhaltene Reaktion der Muslime änderte sich zwei Jahre später bei den Luftangriffen der US Air Force auf Baghdad.

## Nach der Attacke auf das World Trade Center

Die al-Qaida-Führung hatte sich offenbar keine Gedanken über die Konsequenzen und die westlichen Reaktionen auf die Attacke auf das World Trade Center gemacht. Nach dem möglicherweise überraschenden Zusammensturz der Türme reagierten die USA mit dem ›War on Terror‹, über den sich Bin Laden und seine Gruppe in seiner Konsequenz und Gewalt keine Vorstellungen gemacht hatten. Durch die Luftangriffe der USA auf Kabul und Kandahar wurden bereits etliche hochrangige Mitglieder von al-Qaida getötet. Die wichtigsten Entscheidungsträger zogen sich unter entsprechender Begleitung in ein Bergland mit Namen Tora Bora zurück. Aber auch in dieser Rückzugsregion wurden sie von der US Air Force besonders intensiv bekämpft. Al-

Qaida war durch diese Angriffe jedoch noch nicht vollständig handlungsunfähig. Bin Laden veröffentliche eine Recht-
fertigung des Angriffs auf die Twin Towers, in der er die
Leiden der islamischen Welt am Beispiel der Palästinenser
und der Kinder, die unter dem Embargo gegen den Irak seit
1990 litten, verdeutlichte. Trotz der militärisch bedenk-
lichen Situation angesichts der US-Luftangriffe auf Tora
Bora und auf die Ausbildungslager von al-Qaida wurden in
deren Namen weitere Attentate durchgeführt. Zu den spek-
takulärsten gehören die 14 Selbstmordattentate vom 16.
Mai 2003 in Casablanca. Die Terroristen attackierten
dabei verschiedene Ziele, von denen sich die Mehrheit in
jüdischem Besitz befand. Ein anderes Ziel war das spanische
Kulturzentrum und ein spanisches Restaurant. Fachleute
gehen davon aus, dass die Wahl der Ziele sehr bewusst
erfolgte. Die Angriffe auf jüdische Einrichtungen würde, so
hoffte die al-Qaida-Führung, Sympathie bei Palästinensern
und arabischen Gegnern Israels befördern. Spanien wurde
von marokkanischen Islamisten wegen seiner Kolonialver-
gangenheit und in der historischen Perspektive wegen der
endgültigen Vertreibung der Muslime aus Andalusien im
Rahmen der Reconquista besonders abgelehnt. Darüber
hinaus hatte sich Spanien unter der konservativen Regierung an der ›Koalition der Willigen‹ gegen den Irak unter
Saddam Hussein beteiligt.

Es gehört jedoch zu den Problemen der Analyse gerade
der Attentate von Casablanca, dass die Verantwortung für
diese Taten al-Qaida nicht eindeutig zugeordnet werden
kann. Es mag Beziehungen der Attentäter von Casablanca
zu al-Qaida gegeben haben. Ob es einen direkten Auftrag

von Bin Laden oder anderen Mitgliedern der al-Qaida-Führung gegeben hat, ist dagegen bisher kaum zweifelsfrei nachzuweisen. Dass die Reden und Verlautbarungen von Bin Laden als Anregung für die Attentäter gedient haben, kann dagegen mit größerer Sicherheit angenommen werden. Im Grunde hatten die Attentate aber einen kontraproduktiven Erfolg. Sie boten den marokkanischen Sicherheitskräften eine gute Gelegenheit, umfangreiche Säuberungen in salafistischen Zirkeln und bei anderen oppositionellen Kreisen durchzuführen.

Im März 2004 folgte eine Reihe von blutigen Attentaten auf Vorortzüge in der Umgebung von Madrid. Nachdem klar geworden war, dass die Verantwortung nicht bei der baskischen ETA zu suchen war, wurde al-Qaida verantwortlich gemacht. Eine direkte Beziehung der Attentäter zur Führung von al-Qaida oder ihre finanzielle Unterstützung der Attentate konnte jedoch ebenfalls nicht nachgewiesen werden. Eine Aufforderung zu Aktionen gegen Spanien durch Bin Laden hatte es allerdings gegeben. Er hatte schon im Oktober 2003 dazu aufgerufen, alle westlichen Staaten, die sich zur »Koalition der Willigen« bei der Invasion in den Irak zusammengefunden hatten, anzugreifen. Spanien hatte zu diesen Staaten gehört. Bei den festgenommenen Tätern handelte es sich um Arbeitsmigranten aus Marokko. Westliche Beobachter sahen diese Tatsache als ein Zeichen für neuartige zukünftige Gefährdungssituationen an. Zumindest ein Teil der Arbeitsmigranten, daneben aber auch politische Flüchtlinge standen und stehen in einem kritischen Verhältnis zu ihrem Herkunftsland, wie zu ihrer Aufnahmegesellschaft. Ihnen fällt es leichter, so die Annahme, sich gegen eine Seite oder gegen beide zu wenden.

## Die Zersplitterung von al-Qaida

Nach dem Einmarsch alliierter Truppen in den Irak im März 2003 entwickelte sich vor allem in den von Sunniten bewohnten Teilen des Landes eine Widerstandbewegung, die von dem aus Jordanien stammenden Abû Mus'ab al-Zarqâwî geführt wurde. Die Gruppe, die sich auch gegen die schiitische Bevölkerung des Landes wandte, nannte sich alsbald ›al-Qaida im Irak‹. Al-Zarqâwî soll eine Kooperation mit Bin Laden eingegangen sein. Er behielt sich aber offenkundig die letzte Entscheidungsgewalt über seine Truppen und deren Aktivitäten vor. Al-Zarqâwî wurde 2006 getötet. Zumindest eine Zeit lang konnten die US-Truppen in Zusammenarbeit mit sunnitischen Stammesmilizen die Lage im Norden und Westen von Baghdad unter Kontrolle halten. Von »al-Qaida im Irak« war nur noch selten die Rede.

Dagegen trat immer wieder »al-Qaida im Maghreb« medial stärker in den Vordergrund. Die Organisation geht auf eine Abspaltung der radikal-islamischen algerischen GIA (Groupe Islamique Armé) zurück, die im algerischen Bürgerkrieg der frühen 1990er Jahre wegen ihrer Gewaltexzesse eine wenig rühmliche Rolle gespielt hatte. Ihren operativen Schwerpunkt hat sie im Süden Algeriens. Ende 2006 soll sie sich al-Qaida angeschlossen haben und nahm fortan den Namen ›al-Qaida im Maghreb‹ an. Ihr Operati-

onsgebiet sind Nordafrika und Teile des nördlichen Westafrika, vor allem die Sahara-Region und Teile der Sahelzone. Die Gruppe wurde vor allem durch die Entführung von
Touristen und Attentate auf algerische Regierungsgebäude
bekannt. Die Beziehung zu al-Qaida war wohl dadurch
geprägt, dass Ayman al-Zawâhirî bei einem Konflikt zwischen ›al-Qaida im Maghreb‹ und einer libyschen islamistischen Miliz vermittelte. Direkter Einfluss auf Planung und
Durchführung von Terroraktionen ist nicht wahrscheinlich.
Von Bedeutung ist ›al-Qaida im Maghreb‹ heute vor allem,
weil es der Gruppe offenbar gelungen ist, im Zusammenhang mit dem Zusammenbruch des Gaddafi-Regimes und
des anschließenden Bürgerkriegs in Libyen ein beträcht-
liches Arsenal an modernen Waffen unter ihre Kontrolle zu
bringen. Diese nutzen sie einesteils selbst für ihre bewaffneten Aktionen, anderenteils verkaufen sie diese an andere
radikal-islamischen Gruppen, vor allem in der Sahelzone.
So gehen Beobachter davon aus, dass die nigerianische
Boko-Haram-Gruppe, aber auch die radikal-islamischen
Gruppen und die Touareg-Separatisten in Mali auf diese
Waffenvorräte zurückgreifen können. Da die Finanzierung
der militärischen Aktionen von ›al-Qaida im Maghreb‹ aus
eigenen Mitteln erfolgen muss, besteht der Verdacht, dass
die Gruppe die Schmuggelrouten durch die Sahara für
Rauschgift und für die Schlepperbanden von Flüchtlingen
gegen Entgelt sichert. Von realisierten oder geplanten Attentaten in Frankreich oder anderen Staaten der Europäischen
Union ist nichts bekannt geworden. Die Gruppe bleibt
jedoch ein wichtiger Akteur in den Bürgerkriegen in Libyen
und Mali.

Schon seit den Angriffen von al-Qaida auf den amerikanischen Zerstörer USS Cole im Hafen von Aden im Jahr 2000 wurde davon ausgegangen, dass die Gruppe im Jemen auf stabilen Rückhalt rechnen konnte. Grund für diese Entwicklung war die schwache politische Zentralmacht nach der Vereinigung von Nord- und Südjemen. Der Jemen war und ist das ärmste arabische Land und ist von schweren sozialen Spannungen gekennzeichnet. Das Land ist zudem durch seine religiöse Vielfalt von sunnitischen, ismailitischen und zaiditischen Muslimen und von jeher durch die besondere Bedeutung der zahlreichen Stämme geprägt. Zudem sind über Jahrzehnte jemenitische Gastarbeiter in Saudi-Arabien durch wahhabitische Prediger mit dieser radikalen Strömung des Islams vertraut gemacht worden. Nach ihrer Rückkehr haben sich viele von ihnen auch unter religiösen Aspekten gegen die Zentralregierung gewandt. In die Anschläge vom 11. September 2001 waren neben saudischen auch jemenitische Attentäter involviert.

Um das Jahr 2003 vereinigten sich die ›al-Qaida im Jemen‹ mit einer saudischen Partner-Organisation zu ›al-Qaida auf der arabischen Halbinsel‹. Wie eng diese Verbindung in der Praxis ist, muss offenbleiben. Denn die Attentäter auf die Journalisten und Karikaturisten der französischen Zeitschrift ›Charlie Hebdo‹ vom Januar 2015 behaupteten, dass sie von ›al-Qaida im Jemen‹ unterstützt worden seien. In anderen Meldungen ist dagegen von ›al-Qaida auf der arabischen Halbinsel‹ die Rede. Zu den Zielen der Gruppe gehören die Vertreibung des saudischen

161

Königshauses und »die Reinigung der Arabischen Halbinsel von den Polytheisten«. Bemerkenswert ist auch die enge Verbindung zwischen jemenitischen Auswanderern in den USA und ›al-Qaida auf der arabischen Halbinsel‹. Typisch dafür ist die Biographie von Anwar al-Aulaqî (1971–2011). Er wird unter anderem als der ideologische Führer der Attentäter auf die französische Satire-Zeitschrift ›Charlie Hebdo‹ im Januar 2015 bezeichnet. Al-Aulaqî war im US-Bundesstaat New Mexico geboren worden. Er besaß daher neben der jemenitischen auch die amerikanische Staatsbürgerschaft. Sein Vater studierte dort mit einem Fulbright-Stipendium und war später Rektor der Universität von Sanaa, der jemenitischen Hauptstadt. Als Kind ging Anwar al-Aulaqî in den Jemen. Mit 20 Jahren kehrte er wieder in die USA zurück. In Colorado studierte er Ingenieurwissenschaften, wobei er sich auch in der Muslimischen Studentengemeinde engagierte. In den Ferien soll er Zeit in afghanischen Trainingslagern verbracht haben. Im Jahr 2001 versuchte er erfolglos, an der Georgetown Universität in Washington D.C. zu promovieren. Über eine systematische Ausbildung in islamischer Theologie oder islamischem Recht verfügte er nicht. Damit entspricht auch er dem Bild einer Vielzahl von radikalen Muslimen. Dagegen soll er sich wie viele andere radikale Muslime intensiv mit den Werken von Said Qutb befasst haben. Wie dieser hatte al-Aulaqî während seines Studiums eine heftige Aversion gegen die westliche Lebensweise entwickelt. Al-Aulaqî hatte sich in der zweiten Hälfte der 2000er Jahre zu einem erfolgreichen Internet-Prediger entwickelt, der durch sein perfektes Englisch vor allem junge Muslime in den USA und Großbritannien ansprach. Analysten wiesen darauf hin, dass er in seinen Internet-Auftritten selten, aber zugleich regelmäßig radikale Meinungen vertrat. In seinen Blogs dagegen wurde er präziser. Dort erklärte er den Dschihâd zu einer persönlichen Pflicht aller Muslime, die dazu in der Lage seien. Schließlich ging er dazu über, Kämpfer für ›al-Qaida auf der Arabischen Halbinsel‹ direkt zu rekrutieren. Am 30. September 2011 wurde er im Jemen durch einen amerikanischen Drohnen-Angriff getötet.

›Al-Qaida auf der arabischen Halbinsel‹ wird von den westlichen Sicherheitsdiensten als die gefährlichste Gruppe aus dem Umfeld von al-Qaida eingeschätzt. Bestätigt ist, dass von Mitgliedern der Gruppe verschiedene Attentate in den USA vorbereitet oder erfolgreich durchgeführt wurden. Andere Terrorangriffe wurden im Jemen und in Saudi-Arabien organisiert. Innerhalb von ›al-Qaida auf der arabischen Halbinsel‹ gab es immer wieder Streitigkeiten um die Strategie der Organisation. Im Zentrum dieser Auseinandersetzungen stand die Frage, gegen wen sich die militanten Aktivitäten richten sollten. Eine Seite fixierte sich darauf, dass der Hauptgegner die korrupte Herrscherfamilie in Saudi-Arabien sein müsse. Die Vertreter der alternativen Position verlangten, dass sich die Angriffe stattdessen auf die westliche Besatzung im Irak konzentrieren sollten. Schlussendlich setzte sich die Meinung durch, dass der Kampf vorrangig auf der arabischen Halbinsel geführt werden müsste. Dabei plante man nicht nur Aktionen gegen Sicherheitseinrichtungen wie Polizei- und Geheimdienstgebäude, sondern auch gegen westliche, vor allem US-amerikanische Firmen, die in der saudischen Ölindustrie wirtschaftlich engagiert sind. Es gelang den saudischen Sicherheitsdiensten, einen großen Teil der Kämpfer von ›al-Qaida auf der Arabischen Halbinsel‹ auszuschalten oder in den Jemen zu vertreiben. Die saudische Politik versuchte aber auch, durch spezielle Programme die Kämpfer zu reintegrieren. Zentraler Punkt dieser Strategie war es, die Anhänger von al-Qaida durch ausgebildete Imame und Religionsgelehrte teilweise erstmals mit Einzelheiten des orthodoxen Islams vertraut zu machen. Wie weit diese Bemühungen von Erfolg gekrönt waren, muss offenbleiben.

## Bestandsaufnahme im Jahr 2015

Durch den Einsatz der ISAF-Truppen in Afghanistan zwischen 2001 und 2015 ist es zumindest gelungen, die Basis von al-Qaida in Afghanistan zu zerstören. Die führenden Personen mussten sich nach Pakistan zurückziehen. Osama Bin Laden wurde am 2. Mai 2011 in Abbottabad in Pakistan von einem US-Kommando getötet. Seinem Nachfolger, al-Zawâhirî, fehlen das Charisma, wohl aber auch die finanziellen Möglichkeiten Bin Ladens. In verschiedenen Teilen der islamischen Welt operieren weiterhin Gruppen, die sich durch ihren Namen auf al-Qaida beziehen. Die Kerngruppe aber, die in den 1990er Jahren angetreten war, um die islamische Welt und die Welt in ihrer Gesamtheit grundlegend zu verändern, hat ihr Ziel erreicht. Die Welt nach dem 11. September 2001 hat sich grundlegend verändert. Der ›Krieg gegen den Terror‹ hat zu einer Vielzahl von grundlegenden Fehlentscheidungen der westlichen Politik geführt, die direkt oder indirekt zu langfristigen politischen und wirtschaftlichen Auswirkungen geführt haben. In vielen Ländern sind unter Berufung auf Sicherheitserfordernisse die bürgerlichen Rechte eingeschränkt worden. Der Islam wurde in seiner Gesamtheit zu der neuen Gefahr für die westliche Welt stilisiert. Nach den Verlusten des US-Militärs in Afghanistan und im Irak wagt es die größte Militärmacht der Welt nicht mehr, ihre Interessen z. B. im Bürgerkrieg in Syrien kraftvoll durchzusetzen. Die Führer und die Kämpfer von al-Qaida haben sich allerdings andere Erfolge vorgestellt. Unter den Folgen ihrer Aktionen wird die Welt jedoch noch Jahrzehnte zu leiden haben.

Al-Qaida konnte wegen seiner speziellen Struktur ihre Ziele nicht erreichen. Sie blieb im weitesten Sinne eine arabische Organisation. Die Einbindung von Muslimen aus anderen Regionen gelang nur in Ansätzen. Ferner konnte al-Qaida keine strukturierten und effektiven Hierarchien aufbauen. Das hatte den Vorteil, dass ihre Bekämpfung sich als schwierig herausstellte. Westliche Geheimdienste haben teilweise bis heute nicht verstanden, gegen welche Art von Organisation sie eigentlich gekämpft haben. Die fehlenden Hierarchien von al-Qaida führten aber auch dazu, dass keine gemeinsamen verbindlichen Strategien entwickelt und dass schlussendlich keine langfristigen politischen Ziele formuliert wurden, die sich als realistisch erweisen konnten. Die Schaffung eines Kalifats, von der die Führung sprach, wurde als eine Utopie verstanden. Kurzfristige Ziele wie die Vertreibung der saudischen Monarchie oder die Befreiung Palästinas standen im Vordergrund. Dadurch ergaben sich interne Kontroversen um die Strategien, die al-

Qaida grundlegend geschwächt haben. Eine konkurrierende neue Gruppe, nämlich der ›Islamische Staat‹, in Syrien und im Irak macht diesen Fehler bisher noch nicht. Al-Qaida ist es nicht gelungen, diese Konkurrenz propagandistisch oder durch den Einsatz von Gewalt auch nur in Ansätzen in ihrer Entwicklung zu stören.

# Vom ›Islamischen Staat im Irak und Syrien‹ zum ›Islamischen Staat‹

## Entstehungsgeschichte

Seit dem Sommer 2014 blickt die Welt ebenso fasziniert wie erschreckt auf eine neue radikal-islamische Organisation, die sich ursprünglich ›Islamischer Staat im Irak, dann ›Islamischer Staat im Irak und Syrien‹ nannte und schließlich nur noch ›Islamischer Staat‹. Diese Organisation ist auch keinesfalls aus dem Nichts entstanden, sondern ließ schon mit ersten Verlautbarungen 2006 von sich hören. Gleichwohl liegen viele Fakten über ihren Ursprung noch im Dunkeln. Die vorliegenden Informationen über den ›Islamischen Staat‹ und seine Vorgänger-Organisationen lassen sich nicht in allen Einzelheiten auf ihren Wahrheitsgehalt überprüfen.

Als Gründungsgestalt wird in den seriösen Quellen der Jordanier Abû Musʿab al-Zarqâwî (eigentlich: Ahmad Fadîl al-Nazâl al-Khalaila, 1966–2006) bezeichnet. Sein Name weist auf seinen Geburtsort al-Zarqa hin. Die Stadt, nördlich von Amman gelegen, galt als Zentrum radikaler Muslime in Jordanien. Von dort stammte u. a. der erste Ideologe von al-Qaida, ʿAbdalla ʿAzzâm. Al-Zarqâwî wuchs in einfachen Verhältnissen auf, gehörte aber zum Stamm der Banû Hasan. Einige der Stammesangehörigen bekleiden noch heute wichtige Positionen in der jordanischen Armee und Verwaltung. Gemeinhin wird al-Zarqâwî als ein zunächst zielloser, ungebildeter und unruhiger junger Mann beschrieben, der durch kleinere kriminelle Delikte auffiel und daher im Gefängnis landete. Dort änderte er seine Lebensweise, suchte nach seiner Entlassung Moscheen auf, bildete sich religiös fort und kam unter den Einfluss des radikalen Predigers Abu Muhammad al-Maqdisî (geb. 1959). Von westlichen Beobachtern wird dieser als der wichtigste Ideologe des dschihâdistischen Salafismus eingeschätzt. Im Jahr 1989 reiste al-Zarqâwî nach Afghanistan, kam wegen des bevorstehenden Abzugs der sowjetischen Truppen aber nur noch kurz zu einem militärischen Einsatz. Anschließend arbeitete er als Journalist und für eine islamische Nichtregierungsorganisation. Angeklagt wegen Verschwörung gegen das jordanische Königshaus wurde er später zu 15 Jahren Gefängnis verurteilt. Sein Mentor, al-Maqdisî, und er verbüßten ihre Haftstrafe zeitgleich und im gleichen Gefängnis. Wie bei vielen anderen Islamisten verschärften sich bei al-Zarqâwî die Ansichten über den wahren islamischen Staat im Gefängnis weiter. Nach seiner Entlassung siedelte er 1999 zunächst nach Peschawar über und gründete dann im Jahr 2000 im afghanischen Herat ein eigenes Ausbildungscamp für Mudschâhidîn. Hier gründete er auch seine eigene Organisation, der er den in salafistischen und islamistischen Kreisen verbreiteten Namen ›al-Tauhîd‹ oder ›al-Tauhîd wa-l-Dschihâd‹ gab. Im September 2002 reiste al-Zarqâwî über Jordanien in den Irak ein. Seine Gruppe wurde dann auch von westlichen Geheimdiensten als ›al-Qaida im Irak‹ bezeichnet. Es mag sein, dass diese Namensgebung zunächst durch amerikanische Geheimdienste erfolgte. Jedenfalls erklärte der amerikanische Außenminister Colin Powell im Februar 2003 fälschlicherweise, al-Zarqâwî sei das Verbindungsglied zwischen Saddam Hussein und al-Qaida. Es wird vermutet, dass Saddam Hussein gegen al-Zarqâwî im Irak trotz des islamistischen Charakters seiner Organisation nicht durchgegriffen hat. Eine konkrete Zusammenarbeit hat es aber nicht gegeben. Die Kämpfer der Gruppe von al-Zarqâwî verhielten sich beim Einmarsch der amerikanischen Truppen in den Irak zunächst unauffällig und begannen ihre terroristischen Aktionen erst, nachdem das US-Militär die Kämpfe erfolgreich beendet hatte. Im August 2003 führte ›al-Tauhîd‹ die beiden ersten schweren Attentate im Irak durch. Bei einem der Terrorangriffe wurde der Vertreter der Vereinten Nationen im Irak getötet; bei dem anderen, der auf eine schiitische Hauptmoschee in Baghdad zielte, wurden 125 Beter ermordet. Dazu gehörte auch der bedeutende Gelehrte Ayatollah Muhammad Bâqir al-Hakîm, der unter den Gründungsmitgliedern der schiitischen islamistischen Partei ›Hizb al-Da'wa al-Islâmiyya‹ gewesen war. Al-Zarqâwî machte mit den ersten Angriffen schon die beiden zentralen Ziele seiner Terrorpolitik deutlich, nämlich die westlichen Organisationen und Einrichtungen im Irak und die schiitische Mehrheitsbevölkerung. Die neben Schiiten und Sunniten dritte Bevölkerungsgruppe, die Kurden, stießen bei al-Zarqâwî offenbar nur auf geringes Interesse. Spezielle Ausführungen zur Bedeutung der kurdischen Bevölkerung im Irak sind nicht bekannt. Als Feinde sah er sie aber dennoch an. Im folgenden Jahr intensivierte al-Zarqâwî seine Aktionen an Zahl und an Brutalität. Er tötete persönlich westliche Geiseln durch Enthauptung und ließ diese Grausamkeiten im Internet veröffentlichen. Da die amerikanischen Sicherheitsdienste al-Zarqâwî in der Stadt Falludscha westlich von Baghdad vermutete, wurden im Oktober und November 2004 zahlreiche Luftangriffe gegen die Stadt geflogen und schließlich eine Bodenoffensive durchgeführt. Al-Zarqâwî, der in der Stadt tatsächlich seine Zentrale hatte, konnte aber entkommen und wahrscheinlich nach Mosul ausweichen. In dieser Zeit erklärte al-Zarqâwî auch öffentlich, dass er sich mit al-Qaida verbunden fühle. Er bestand aber weiterhin auf seiner Handlungsfreiheit in Strategie und Taktik und unterstellte sich Usama Bin Laden nicht im eigentlichen Sinne. Das Jahr 2005 war gekennzeichnet durch eine Vielzahl von Attentaten von ›al-Qaida im Irak‹. Besonders spektakulär war die Ermordung des schiitischen Bürgermeisters von Baghdad, Ali al-Haidarî. Die Tötung wurde im Internet veröffentlicht. Daneben gab es zahlreiche Selbstmordattentate auf irakische Polizisten und Militärangehörige. Auch ausländische Diplomaten wie der ägyptische Botschafter wurden entführt und ermordet. Al-Zarqâwî beschränkte sich aber nicht nur auf den Irak, sondern ließ auch in Jordanien Attentate durchführen.

## *Die Tötung von sunnitischen Glaubensbrüdern und -schwestern*

Bei Terroraktionen auf Hotels in Amman wurden mehr als 50 Personen getötet und über 300 verletzt. Da unter den Opfern auch Mitglieder einer jordanischen Hochzeitsgesellschaft waren, sah sich al-Zarqâwî veranlasst, darüber sein Bedauern zu äußern. Diese Bekundung minderte die Empörung über diese Taten in der jordanischen Öffentlichkeit jedoch nicht. Außerdem kündigte al-Zarqâwî in dieser Zeit als weiteres Ziel die Ermordung des jordanischen Königs an. Daraufhin erklärte seine Großfamilie vom Stamm der Banu Hassan über die Medien und in halbseitigen Zeitungsannoncen, dass sie alle verwandtschaftlichen Beziehungen zu ihm »bis zum Jüngsten Tag« für beendet betrachte. Nach einem Selbstmordattentat in der westirakischen Stadt Ramadi, der Hauptstadt der Provinz Anbar, bei dem 42 sunnitische Rekruten der irakischen Armee umgekommen waren, riefen führende sunnitische Religionsgelehrte dazu auf, al-Zarqâwî nicht mehr zu unterstützen. Er hatte damit offenbar die Akzeptanz seiner potentiellen sunnitischen Unterstützer überstrapaziert.

Al-Zarqâwî hatte nach dem Einmarsch der alliierten Truppen zunächst versucht, durch dramatische Appelle die sunnitische Bevölkerung im Irak zum Kampf gegen die Besatzungstruppen aufzurufen. »Erhebt euch aus eurem Schlummer und erwacht aus der Gleichgültigkeit. Euer Schlaf währt lang (genug). Denn die Mühle des Krieges zur Ausrottung der Sunniten hat nicht stillgestanden und wird dies auch nicht tun und wird das Haus jedes einzelnen von euch erreichen, sofern Gott nicht anders entscheidet. Und wenn ihr euch nicht beeilt mit dem Anschluss an die Schar der Mudschâhidîn, um eure Religion und eure Ehre zu verteidigen, bei Gott, so werden Schmerz und Reue (folgen), aber nicht eine Stunde des Bedauerns (wird euch helfen).« (Übersetzung Christoph Günther) Er erklärte dann aber auch, dass diejenigen, die mit den Besatzungstruppen und der schiitischen Führung des Landes kooperierten, gnadenlos bestraft würden: »Wer auch immer an seiner Verbindung mit den heidnischen Garden (Nationalgarde) oder

171

Polizei oder Armee festhält oder wem nachgewiesen wird, dass er ein Agent oder Spion der Kreuzfahrer (Bezeichnung für die westlichen Truppen in Afghanistan und im Irak) ist, soll getötet werden. Und weiterhin soll sein Haus niedergerissen und abgebrannt werden, nachdem die Frauen und Söhne es verlassen haben. Dies ist eine Strafe für seinen Verrat an der Religion und seiner Gemeinschaft und soll als klare Lektion und präventive Warnung für andere gelten. ... Und wir warnen die Stämme: denn jeder Stamm oder Partei oder Gemeinschaft, der aus einer Verstrickung mit und an seiner Agentenschaft für die Kreuzfahrer und ihre Unterstützer von den Apostaten festhält, das sind die, die wir zerbrechen wie wir die Kreuzfahrer zerbrechen, und zerstreuen sie vollständig.« (Übersetzung nach Christoph Günther) Die spezielle Ansprache der irakischen, vornehmlich sunnitischen Stämme ist bemerkenswert. Sie hatten schon in der letzten Phase der Herrschaft Saddam Husseins ein wichtiges Strukturelement der öffentlichen Ordnung dargestellt. Eine Koalition der Stammesführer versuchte die Bevölkerung, die unter dem jahrelangen Embargo der UNO litt, zu unterstützen. Viele Iraker haben sich in dieser Zeit an ihre Herkunft von den Beduinenstämmen erinnert. Es kam zu einer gewissen Retribalisierung der Gesellschaft, die bis heute andauert. Die Stämme waren auch nach dem Einmarsch der alliierten Truppen ein Machtfaktor, den al-Zarqâwî nicht ignorieren konnte. Bei der späteren Zurückdrängung von ›al-Qaida im Irak‹ spielte die Kooperation der alliierten Truppen mit diesen Stämmen eine wichtige Rolle.

Während die sunnitische Bevölkerung im Irak die Angriffe auf alliierte Truppen oder schiitische Politiker nicht ohne eine gewisse Sympathie betrachtete, bewertete sie die Tötung oder Verwundung von Sunniten ganz anders. Auf die wachsende Kritik reagierte al-Zarqâwî schließlich durch verschiedene Verlautbarungen. So behauptete er zunächst, dass Aktionen seiner Kämpfer abgebrochen worden wären, wenn das Risiko bestand, dass unschuldige Sunniten in Gefahr gerieten. Dann aber veröffentlichte er ein umfangreiches Rechtsgutachten, in dem er feststellte, dass das unschuldige Blut von Muslimen durch Muslime nicht vergossen werden dürfe. Wenn es dennoch zu solchen Vorfällen komme, liege die Schuld bei den ›Kreuzzüglern‹ und ihren Helfern, die die Sunniten als Schutzschild gegen die Angriffe von ›al-Qaida im Irak‹ missbrauchten. Die Glaubenskämpfer dürften deshalb für die Verluste unter der sunnitischen Bevölkerung nicht verantwortlich gemacht werden.

## Al-Zarqâwî, al-Qaida und die Anfänge des Islamischen Staates im Irak

Es waren gerade die Konflikte mit der sunnitischen Bevölkerung im Irak, die die Führung von al-Qaida in Afghanistan/Pakistan dazu bewegten, sich mit einer Ermahnung an al-Zarqâwî zu wenden. Im Juli 2005 hatte der theoretische Kopf von al-Qaida, Ayman al-Zawâhirî, eine Anfrage an ›al-Qaida im Irak‹ geschickt, in der er zunächst eher rhetorisch um Informationen über die Lage im Land bat. Er gab dann zu bedenken, dass man auch die Zeit nach dem Abzug der alliierten Truppen aus dem Irak bei allen durchzuführenden

173

Aktionen im Auge haben müsse. Schließlich müsse es darum gehen, »die Herzen und Gemüter unserer Gemeinschaft« zu gewinnen. Die Ermordung von Geiseln und die Zerstörung von schiitischen Heiligtümern erschienen bei einer derartigen Zielsetzung als kontraproduktiv. Schließlich, so al-Zawâhirî weiter, müsse man in Zukunft die große Zahl der einfachen Schiiten wohlwollend stimmen, wenn al-Zarqâwî einen islamischen Staat im Irak gründen wolle. Christoph Günther geht davon aus, dass in diesem Zusammenhang die ersten grundlegenden Überlegungen zur Etablierung eines ›islamischen Staates‹ angestellt worden sind.

Am 15. Januar 2006 wurde die Gründung eines ›Schura-Rates der Mudschâhidîn im Irak‹ bekannt gemacht. In dieser Gründungserklärung wurden verschiedene Ziele formuliert. So hieß es, dass die Waffen nicht ruhen dürften, bis alle Menschen ›wahre Muslime‹ geworden wären. Damit erhebt der Schura-Rat den Anspruch zu definieren, wer ein ›wahrer Muslim‹ ist. Diese Form eines Autoritätsanspruchs wurde von den irakischen Schiiten, aber auch von Anhängern des mystischen Islams in den Sufi-Bruderschaften und von einer Vielzahl von orthodoxen und liberalen sunnitischen Muslimen als anmaßend empfunden. Ein weiteres Ziel war es, die verschiedenen Mudschâhidîn-Gruppen im Irak zu vereinen und unter der Führung von ›al-Qaida im Irak‹ zu organisieren. Ob dieses Vorhaben von allen Gruppen akzeptiert wurde, ist zu bezweifeln. Ein zentrales Anliegen aber war die Durchsetzung eines ›islamischen Programms‹. Dieses ›Programm‹ fixiert im Grunde den Anspruch des Schura-Rates, die politische Kontrolle in einem islamischen Staat im Irak auszuüben. Zumindest in den ersten Verlautbarungen werden allerdings keine Aussagen über die Zusammensetzung des Schura-Rates gemacht. Daraus ist wohl zu schließen, dass über die Absichtserklärung hinaus überhaupt keine Entscheidungen gefällt worden waren, vermutlich um Konflikte über die Rolle und Zugehörigkeit der einzelnen Mitglieder zu vermeiden. Eine andere Konsequenz des ›islamischen Programms‹ betraf die ›Irakisierung‹ von »al-Qaida im Irak‹. Al-Zarqâwî selbst stammte, wie bereits ausgeführt, aus Jordanien, einige seiner Anhänger aus Ägypten, Algerien oder Syrien. Trotz aller Beteuerungen der Gemeinschaft der gläubigen Muslime (Umma) oder auch nur der Einheit der Araber kam es zwischen den irakischen und den übrigen Kämpfern von ›al-Qaida im Irak‹ immer wieder zu Spannungen. Die Iraker sahen auf die anderen Kämpfer mit einer gewissen Verachtung herab. Vor allem aber betrachtete die irakische Bevölkerung den Einfluss von ›Ausländern‹ kritisch. Angesichts dieser Gemengelage ist es nicht verwunderlich › dass Irakisierung‹ auf lange Sicht nicht zu einem Erfolg führen konnte. Die spätere Umwandlung von ›al-Qaida im Irak‹ bzw. ›Islamischer Staat im Irak‹ in die Organisation ›Islamischer Staat‹ war die Folge. Nun hat die ›Irakisierung‹ angeblich keine Bedeutung mehr.

## Die Zerstörung der Goldenen Moschee in Samarra

Al-Zarqâwî und auch der Schura-Rat ließen sich von den brüderlichen Ratschlägen der al-Qaida-Führung und den kritischen Reaktionen sunnitischer Religionsgelehrter nicht besonders beeindrucken. Den Beweis dafür liefert eines der folgenschwersten Attentate des Jahres 2006. Am 22. Februar 2006 wurde eines der bedeutendsten Heiligtümer der Schiiten im Irak, die goldene Moschee von Samarra, durch ein Attentat in großen Teilen zerstört. Für Schiiten in aller Welt ist dieses Heiligtum von besonderer Bedeutung, weil dort im Jahr 874 der 12. Imam, Muhammad Ibn Hasan, der Mahdi, verschwunden sein soll. Seine Wiederkunft erwarten die Schiiten sehnlichst, weil er nach ihrer Überlieferung ein Reich der Gerechtigkeit und des Friedens errichten wird. Seit langem ist das Heiligtum einer der wichtigen Wallfahrtsorte der Schiiten. Der Anschlag war in vollem Bewusstsein der Konsequenzen verübt worden. Christoph Günther vermutet, dass al-Zarqâwî die folgenden schweren konfessionellen Konflikte zwischen Schiiten und Sunniten bewusst hervorrufen wollte. Es kam landesweit zu Angriffen schiitischer Milizen auf von Sunniten bewohnte Viertel irakischer Städte und sunnitische Moscheen. Die sogenannten ethnischen Säuberungen, bei denen Sunniten in religiös gemischten Vierteln aus ihren Häusern vertrieben wurden, erlebten einen weiteren Höhepunkt. Auch wenn sich der Schura-Rat in seinen Äußerungen bis dahin und auch nach dem Attentat von Samarra sehr zurückhaltend in der Frage der Schiiten im Irak verhielt, ist kaum anzunehmen, dass der Angriff auf die Goldene Moschee von Samarra ohne sein Wissen und damit ohne seine Zustimmung erfolgte.

Hatte al-Zarqâwî sich lange Zeit nicht nur durch gekonnte Verkleidung und wechselndes Aussehen, sondern auch durch die Unterstützung von Teilen der sunnitischen Bevölkerung im Westirak allen Verfolgungen entziehen können, mussten er und seine Gruppe nach den Angriffen auch weitgehend auf den Rückhalt der sunnitischen Bevölkerung des Iraks verzichten. Am 7. Juni 2006 wurde al-Zarqâwî bei einem Luftangriff auf ein Haus in Baquba, einem Ort 80 km nördlich von Baghdad, so schwer verwundet, dass er an den Folgen kurz darauf starb. Seine Identität wurde gerichtsmedizinisch bestätigt. Sein Tod bedeutete zunächst eine erhebliche Schwächung von ›al-Qaida im Irak‹, auch wenn in verschiedenen Verlautbarungen die Fortsetzung des Kampfes gegen die Besatzungstruppen und ihre Unterstützer erklärt wurde. Für einige Zeit wurde al-Zarqâwî nach seinem Tod zu einer Ikone des Widerstands gegen die westliche Besatzung des Iraks. In zahlreichen Trauerliedern wurde er besungen und sein Erbe beschworen. Zwar wurde mit Abû Hamza al-Muhâdschir ein Ägypter als neuer Anführer bestimmt, der auch von Usama Bin Laden anerkannt wurde. Die unterschiedlichen Auffassungen zwischen den Irakern und Bin Laden blieben aber bestehen. Auch unter al-Muhâdschir sollte der Kampf gegen die Schiiten fortgesetzt werden, während für Bin Laden die Vertreibung der westlichen Truppen als vorrangiges Ziel weiterbestand. Trotz diese ungelösten Konflikts wurde stattdessen am 15. Oktober 2006 der ›Islamische Staat im Irak‹ ausgerufen. Die Schura-Versammlung und weitere Dschihâd-Gruppen waren in diese Ausrufung eingebunden. Einen Monat später leistete al-Muhâjir dem neuen Führer des ›Islamischen Staates im Irak‹, Abu Omar al-Baghdadi, den Treueschwur und schloss sich ihm mit angeblich 20.000 Kämpfern an. Damit hatte sich ›al-Qaida im Irak‹ aufgelöst, was auch von Ayman al-Zawâhirî bestätigt wurde. Es gibt Vermutungen, dass Abu Omar al-Baghdadi, ein ehemaliger Offizier der irakischen Armee, der sich 1985 dem islamistischen Widerstand gegen Saddam Hussein angeschlossen hatte, nur nach außen als Führer fungierte, um den irakischen Charakter des ›Islamischen Staates im Irak‹ zu verdeutlichen. Abu Omar al-Baghdadi kam im April 2010 ums Leben. Sein Nachfolger wurde Abu Bakr al-Baghdadi, der gegenwärtige Führer des ›Islamischen Staates‹.

In dem Aufruf zur Gründung des ›Islamischen Staates im Irak‹ an die irakische Bevölkerung heißt es: »Wir versprechen euch, dass wir euch treu sein und Gerechtigkeit und Wohltätigkeit verbreiten werden, euch beistehen gemäß dem Buche Gottes und dem Vorbild seines Propheten, ohne davon abzuweichen. (Und weiterhin versprechen wir), dass wir die Invasoren vertreiben werden und den Menschen Sicherheit und Schutz bringen werden. Wir versprechen, dass wir euch ein würdiges Leben schaffen werden und dass wir euch nicht des Wohlstands eures Landes berauben werden, der von ihm (dem Land) und für euch ist.« (Übersetzung Christoph Günther) Neben diesen deutlich in eine sozialpolitische Richtung zielenden Aspekten geht es aber auch um die Bedeutung der Sunniten im ›Islamischen Staat im Irak‹, wenn es heißt: »Zusätzlich dominieren wir durch Gottes Gnade und seine Stärke in vielen Gebieten, deren

Größe dem Gebiet des ersten Staates in Medina gleicht und in denen die Feinde keinerlei Glück haben. Die Mudschâhidîn regieren diese Gebiete entsprechend den von Gott erlassenen Geboten und Gesetzen, worauf die Sunniten bestehen und deren Anwendung sie fordern.« (Übersetzung Christoph Günther) Konkret nahm der ›Islamische Staat im Irak‹ für sich die Kontrolle der Provinzen Baghdad, al-Anbar, Diyala, Kirkuk Salah al-Din, Niniweh und einige Teile der Provinzen Babylon und Wasit für sich in Anspruch. Letztere haben allerdings eine schiitische Mehrheit. Auf die geographische Fläche bezogen handelte sich vor allem also um weite Teile des westlichen und nördlichen Iraks. Wie weit die Kontrolle dieser Gebiete wirklich funktionierte, lässt sich nur schwer beurteilen. Angesichts der Luftüberlegenheit der US-Truppen wird es sich nur um eine relative Einflussmöglichkeit gehandelt haben. Die Verlautbarung gibt auch einige Hinweise auf die politische und die Organisationsstruktur des neuen Staates. Es sollte ein vom Schura-Rat ernanntes Kabinett geben, in dem verantwortliche Personen für die Bereiche der Landwirtschaft, Ölindustrie, für Information und religiöse Fragen, militärische Angelegenheiten und für Märtyrer- und Gefangenenangelegenheiten Verantwortung tragen sollten.

## Al-Baghdadi und der ›Islamische Staat im Irak‹

Abu Bakr al-Baghdadi, eigentlich Ibrahim al-Badri (geb. 1971) stammt aus Samarra. Die Stadt beherbergt zwar das berühmte schiitische Heiligtum, ist aber stark sunnitisch geprägt. Auch die weitere Umgebung Samarras wird in der Mehrheit von Sunniten bewohnt. Al-Baghdadi soll seinen Stammbaum bis auf den Propheten Mohammed zurückführen können. Angeblich hat er im sunnitischen Stadtteil Adhamiyya von Baghdad an der ›Islamischen Universität‹ die verschiedenen Zweige der islamischen Religionswissenschaften studiert und soll dort in den 2000er Jahren in islamischem Recht promoviert haben. Nachbarn beschrieben ihn als einen ruhigen, ja schüchternen jungen Mann, der in seiner Umgebung nicht weiter auffiel. Hin und wieder leitete er als Imam das Gebet in einer kleinen Moschee in seinem Stadtviertel, hielt aber keine Predigten. Seine Nachbarn hielten ihn für einen Neo-Salafisten, den man dem puristischen Flügel zurechnen könnte. So lehnte er die Mitgliedschaft in einer ›islamischen Partei‹ ab, weil Parteien unislamisch seien. Ferner wird berichtet, dass er eine Hochzeitsgesellschaft beschimpfte, bei der Männer und Frauen in einem Raum tanzten. Mit dieser salafistischen Haltung nicht in Übereinstimmung zu bringen ist, dass er ein guter Fußballspieler gewesen sein soll. Kenner des Iraks unter der Herrschaft von Saddam Hussein meinen jedoch, dass es in dieser Zeit kaum Gelegenheiten zu sportlicher Betätigung für junge Männer gegeben habe. Im Jahr 2005 wurde al-Baghdadi von amerikanischen Sicherheitskräften inhaftiert. Die Anklage lautete, dass er gegen die Besatzungstruppen gekämpft habe. Er wurde in Camp Bucca, südlich von Baghdad interniert. Die Besatzungsadministration hatte diese Einrichtung geschaffen, nachdem die Folterungen und Erniedrigungen von irakischen Gefangenen im Gefängnis von Abu Ghraib weltweit für Empörung gesorgt hatten.

Einigen Quellen zufolge waren die Vorwürfe gegen Abu Bakr al-Baghdadi aber nicht ausreichend substantiell. Nach anderen Informationen soll er zu den Gründern einer terroristischen Gruppe gehört haben. Im Jahr 2006 oder 2009 wurde er aus der Haft entlassen. Die Zeit im Gefängnis führte dazu, dass er sich, wie so viele andere, weiter radikalisierte. Beobachter beschreiben die Zeit in Camp Bucca als eine Universität für Terroristen. Hier knüpften die Inhaftierten neben der entsprechenden ideologischen Schulung auch die notwendigen Kontakte, die nach der Entlassung für den Kampf gegen Besatzer, Schiiten und religiöse Minderheiten genutzt werden konnten.

Der Schura-Rat soll Abu Bakr al-Baghdadi nach dem Tod von Abu Omar al-Baghdadi zu seinem Nachfolger gewählt haben. Viele irakische Informanten berichten von ihrem Erstaunen, dass es zu dieser Entscheidung gekommen war. Abu Bakr Al-Baghdadi wird als weiterhin schüchtern oder zurückhaltend geschildert. Er hatte sich angeblich bis dahin weder als ideologischer Kopf noch als herausragender Kämpfer hervorgetan. Nach anderen Berichten soll er dagegen im Schura-Rat für alle Fragen des islamischen Rechts verantwortlich gewesen sein. Zudem habe er dafür gesorgt, dass sein Stamm und andere Stämme aus der Umgebung von Samarra sich ›al-Qaida im Irak‹ angeschlossen hätten. Wegen dieser Verstärkung der Lage der Miliz habe Abu Omar al-Baghdadi ihn als seinen Nachfolger bestimmt. Es ist nicht ausgeschlossen, dass seine Kompetenz in Fragen der Scharia und sein Einfluss auf die Stämme der Region nördlich von Baghdad die politische und ideologische Basis bildeten, die zu seiner Wahl führte. Nach der Übernahme der Führungsposition habe er eine ungewöhnliche Verhaltensweise an den Tag gelegt. So habe er oft einen Schleier vor dem Gesicht getragen. Einige Beobachter meinen, dass dies auf Sicherheitsgründe zurückzuführen gewesen sei. Es ist aber ebenso möglich, dass er auf diese Weise einer Tradition der Kalifen der Abbasiden-Dynastie folgte, die sich oft ebenfalls durch einen Schleider oder durch einen Paravent von ihrer Umgebung abschirmen ließen. In weiteren Berichten wird auch behauptet, dass al-Baghdadi selbst vor seinen Kämpfern zunächst nur mit einer Maske vor dem Gesicht erschien, was ihm den Beinamen ›der unsichtbare Scheich‹ einbrachte. Durch dieses Auftreten wurden auch Vermutungen geschürt, dass es sich bei al-Baghdadi um eine fiktive Person handelte.

Dieses Verhalten führte insofern für Abu Bakr al-Baghdadi zu einem Problem, weil das sunnitisch-islamische Recht verlangt, dass die Gläubigen einer konkreten Person ihren Treueeid leisten müssten, nicht einem abstrakten Prinzip oder einer Gestalt, die sich in der Verborgenheit befindet. So sagt der kuwaitische Rechtsgelehrte Hamîd al-'Alî in einer Fatwa: »Es ist im Islam nicht bekannt, einen Treueeid gegenüber einem unbekannten, unsichtbaren Imam zu bekunden, ohne Macht, sichtbare Präsenz und festen Stand, die ihn ermächtigen, Sicherheit auf den Straßen zu gewährleisten, auf ihnen eine gerechte Regierungsführung (wörtlich: Gerechtigkeit und Gesetze) aufzubauen, Einzelpersonen, Besitz und Ehre zu schützen.« (Übersetzung nach Christoph Günther) Diese Formulierung könnte sich auch gegen die schiitische Vorstellung richten, dass der erhoffte Erlöser, der ›erwartete Mahdi‹, sich in der ›großen Verborgenheit‹ befinde. Er wird von den Schiiten aber dennoch als der eigentliche Herrscher der islamischen Welt in ihrer Gesamtheit verstanden. Angesichts der grundlegenden Ablehnung der Schiiten durch ›al-Qaida im Irak‹ und durch deren Nachfolgegruppen musste hier eine Änderung des Verhaltens von Abu Bakr al-Baghdadi erfolgen. Zur Zeit des ›Islamischen Staates im Irak‹ hatte man versucht, die Anonymität des ›Beherrschers der Gläubigen‹ zu rechtfertigen. Die Argumentation war aber nicht allzu überzeugend.

Schließlich trat al-Baghdadi dann doch erst nach der Eroberung Mosuls durch ISIS-Truppen im Juli 2014 zum ersten Mal öffentlich auf. Man sah im Video einen bärtigen Mann mittleren Alters, der in traditionelle schwarze Gewänder gehüllt war und einen dazu passenden schwarzen Turban trug. Es ist nicht ausgeschlossen, dass auch die schwarze Kleidung zu einer bewussten Inszenierung gehört. Die Abbasiden-Dynastie, die ab 750 für 200 Jahre die glänzendste Phase der islamischen Geschichte ermöglichte, ehe es danach zu ihrem Niedergang kam, hatte mit »schwarzen Bannern aus dem Osten« die voraufgehende Dynastie der Omayyaden von Damaskus vertrieben und Mesopotamien mit der neu gegründeten Hauptstadt Baghdad zum Zentrum ihrer Herrschaft gemacht. Schwarz war zu Beginn die Farbe einer lebhaften Heilserwartungsbewegung, ehe sie zur höfischen Farbe am abbasidischen Hof zu Baghdad wurde.

Der Auftritt in Mosul war auch die erste Gelegenheit, bei der Abu Bakr al-Baghdadi öffentlich für sich den Titel »Beherrscher der Gläubigen« (arabisch: Amîr al-Mu'minîn) in Anspruch nahm. Dabei handelt es sich um die Bezeichnung, die vom ersten Kalifen Abu Bakr (reg. 632–634) an von einer Vielzahl von muslimischen Herrschern verwendet wurde. In einigen Perioden gab es auch zwei Herrscher gleichzeitig, die diesen Titel für sich in Anspruch nahmen. Gegenseitig sprachen sie sich die Berechtigung dafür aber ab. Nach dem Ende der Abbasidenherrschaft Mitte des 13. Jahrhunderts geriet die Bezeichnung dann nach und nach in Vergessenheit. Die osmanischen Sultane hatten sie zwar übernommen. Für sie war er aber einer von vielen Ehrentiteln, bis der Sultan Abd al-Hamid II. (1842–1918) es Ende des 19. Jahrhunderts für politisch opportun hielt, den Titel als ein Zeichen seines Anspruchs auf die Herrschaft über die gesamte islamische Welt zu verdeutlichen. Mit dem Ende des Osmanischen Reiches und der Gründung der Türkischen Republik endete auch die Geschichte der Dynastie der Osmanen. Folgerichtig fehlte eine Person, die als Kalif den Titel ›Beherrscher der Gläubigen‹ für sich in Anspruch nehmen konnte. In der Zeit zwischen den beiden Weltkriegen versuchten verschiedene Herrscher wie König Amanullah (1892–1960) von Afghanistan vergeblich, den Titel für sich zu reklamieren. Die Versuche von Vertretern der Wiederherstellung eines Kalifats, z. B. die saudischen Herrscher zur Übernahme dieses Titels zu bewegen, blieben erfolglos. Für viele Muslime blieb die Zeit der Kalifen, der Beherrscher der Gläubigen, aber immer mit der Vorstellung von einem goldenen Zeitalter verbunden.

Der Titel ›Beherrscher der Gläubigen‹, den al-Baghdadi für sich in Anspruch nimmt, ist nach den Traditionen des islamischen Staatsrechts aber mit einer Reihe von formalen Voraussetzungen verbunden. Der Kalif muss aus dem Stamm des Propheten Muhammad, dem mekkanischen

Stamm der Quraisch gebürtig sein. Eine direkte Nachkommenschaft aus der Familie des Propheten Muhammad selbst versprach natürlich eine noch größere Authentizität. Der Nachweis dieser Zugehörigkeit hatte über politische Anspruchsmöglichkeiten hinaus auch finanzielle Vorteile. Bis zum Beginn des 20. Jahrhunderts erhielten Angehörige der Prophetenfamilie auch Geld- oder Sachspenden aus islamischen ›Frommen Stiftungen‹. Die Mitglieder der Prophetenfamilie wurden und werden noch heute als ›Aschrâf‹ (Sg. Scharîf) oder als ›Sayyid‹ (Pl. Sâda) bezeichnet. Im ersten Fall geht die Kette der Nachkommenschaft von dem Prophetenenkel Hasan, im zweiten von dem Prophetenenkel Hussein aus. Sie genießen bei der gläubigen Bevölkerung wegen ihrer Verwandtschaft mit Muhammad häufig hohe Verehrung und sind traditionell schon äußerlich an ihrer Kleidung zu erkennen. Dabei tragen als Zeichen ihrer Abstammung die Aschrâf grüne und die Sâda schwarze Turbane.

Schon seit dem Mittelalter hatten verschiedene Prätendenten auf diese Position durch mehr oder weniger erfolgreiche Manipulationen ihrer Stammbäume eine solche Herkunft abzuleiten versucht. Zur Abwehr von derartigen Manipulationen hatte sich rasch eine genealogische Wissenschaft etabliert, die mit der Überprüfung der Stammbäume versuchte, zu schamlose Ansprüche abzulehnen. Je größer die Nachkommenschaft aus der Familie des Propheten durch die verschiedenen Generationen hindurch wurde, umso aufwendiger wurde die entsprechende Überprüfung. Schließlich musste eine Art von Kontrollbehörde eingerichtet werden, die von einem ›Naqîb al-aschrâf‹ (Vorsteher der

Abkömmlinge des Propheten) geleitet wurde. Das Amt wurde bald erblich. Im Osmanischen Reich gewann die Position des ›Naqîb‹ weiter an Bedeutung. So kann es nicht überraschen, dass der erste Ministerpräsident des Iraks zur Zeit des britischen Protektorats der ›Vorsteher der Abkömmlinge des Propheten‹ war.

In den offiziellen Verlautbarungen über Abu Bakr al-Baghdadi wird festgehalten, dass seine Familie ebenfalls zu den ›Aschrâf‹ gehört. Damit ist auch dem formalen Anspruch des Amtes des Kalifen Genüge getan. Weitere Namen wie al-Baghdadi oder Abu Bakr verdeutlichen ebenfalls den politischen Bezug. Abu Bakr war der erste Kalif der islamischen Geschichte und al-Baghdadi weist auf die irakische Hauptstadt hin. In einigen Darstellungen der Biographie hat er auch den Beinamen ›al-Samarrâ'i‹, was auf seine Herkunft aus der Stadt Samarra hinweist. Samarra war aber in der Zeit der Abbasidenherrschaft zwischen 836 und 892 die Hauptstadt des Reiches. Insofern wird auch durch den Namen ›as-Samarrâ'i‹ ein Bezug zu den Abbasiden hergestellt. Mit dieser Namenswahl macht Abu Bakr al-Baghdadi daher seinen Bezug zum Kalifat der Abbasiden deutlich.

Die Zusammenstellung der verschiedenen Namen und die Bezüge auf die Abbasiden hat aber noch eine weitere historische Implikation. Zu seinen Blütezeiten reichte die Herrschaft der Kalifen von Baghdad weit über das Zweistromland hinaus. Unter den frühen Herrschern al-Mansur (regierte 754–775) und al-Mahdi (regierte 775–785) herrschten die Abbasiden über ein Gebiet von Nordafrika bis nach Indien. Dazu gehörten auch weite Teile Zentralasiens und die Arabische Halbinsel mit den heiligen Stätten in Mekka und Medina. Mit seinem Bemühen, diesen historischen Bezug zu den Abbasiden darzustellen, macht Abu Bakr al-Baghdadi auch deutlich, dass es ihm um mehr geht als um die Herrschaft über Syrien und den Irak. Als nächsten Schritt plant er offensichtlich eine Erweiterung seines Einflussgebiets, wobei die Arabische Halbinsel einen politisch logischen Vorzug gegenüber anderen Regionen erhält. Dass er damit Saudi-Arabien in seinen Blick nimmt, hat er schon deutlich gemacht.

In den Biographien von Abu Bakr al-Baghdadi, die aus dem Umfeld von ISIS oder IS in die Öffentlichkeit gelangen, wird ausführlich auf seine rechtlichen und theologischen Qualifikationen hingewiesen. Das geschieht unter anderem, indem man ihn durchgehend mit dem akademischen Titel ›Dr.‹ bezeichnet. Seine Dissertation soll er im Bereich des islamischen Rechts verfasst haben. Bisher sind aber keine wissenschaftlichen Arbeiten von ihm veröffentlicht worden. Dessen ungeachtet ist der Hinweis auf seine Kompetenz im Islamischen Recht und in islamischer Theologie für seine Anhänger von großer Bedeutung.

## Die Erfolge von ISIS und IS

Für die spektakulären politischen und militärischen Erfolge des ›Islamischen Staates im Irak und Syrien‹ bzw. des ›Islamischen Staates‹ gibt es zahlreiche Erklärungen. Dabei ist zunächst der Ausbruch des Bürgerkriegs in Syrien seit dem März 2011 von Bedeutung. An diesen Aufständen, die sich

gegen das Regime des Präsidenten Baschar al-Asad richteten, beteiligen sich inzwischen die ethnisch, religiös und
ideologisch unterschiedlichsten Gruppierungen, bestehend
aus kleinen Dorfmilizen bis hin zu etablierten libanesischen
und iranischen Kampfverbänden. Die verschiedenen oppositionellen Gruppen eint zwar die Gegnerschaft gegen das
immer noch herrschende syrische Regime. Unter einander
haben sie aber völlig unterschiedliche Vorstellungen von
der zukünftigen politischen und administrativen Struktur
Syriens. Die daraus entstehenden Konflikte werden teilweise auch mit Waffengewalt ausgetragen.

Nach übereinstimmenden irakischen, syrischen und türkischen Quellen begann Abu Bakr al-Baghdadi im März
2012 mit militärischen Operationen in Syrien. Behauptun-
gen, seine Organisation werde vom Asad-Regime unterstützt, ließen sich nicht bestätigen. Offenbar agierten die
Truppen des ›Islamischen Staates im Irak‹ zunächst sehr
verhalten. Sie konnten sich jedoch bald Respekt bei den
anderen syrischen Oppositionsgruppen verschaffen. Die
Terroraktionen im Irak wurden in dieser Zeit aber nicht
aufgegeben. Bei verschiedenen Anschlägen im Irak kamen
2012 mehr als 700 Menschen ums Leben, unter ihnen viele
Schiiten. Im April des folgenden Jahres erklärte al-Baghdadi
die Vereinigung seiner Organisation und der radikal-islamischen al-Nusra-Front (eigentlich: Beistandsfront für die
Sunniten Syriens) zur Gründung des ›Islamischen Staates
im Irak und Scham‹ (ISIS). Al-Scham ist einer der traditionellen Namen für die syrische Hauptstadt Damaskus, kann
aber zugleich auch für ein Gebiet stehen, das gelegentlich
als ›Groß-Syrien‹ bezeichnet wird. Es umfasst das heutige

Syrien, den Libanon, Palästina/Israel, Jordanien und die türkischen Provinzen Hatay, Gaziantep und Diyabakr. Die Verwendung dieses Begriffs ist also ein politisches Statement. Es verdeutlicht den Anspruch von ISIS nicht nur auf den Irak und Syrien, sondern auf einen viel weiter reichenden geographischen Raum.

Die Vereinigung mit dem ›Islamischen Staat im Irak‹ wurde von der Führung der al-Nusra-Front unmittelbar nach der verkündeten Fusion in Abrede gestellt. In ihrer Distanzierung wurde sie von der al-Qaida-Führung unter Ayman al-Zawâhirî unterstützt. Al-Zawâhirî schlug in diesem Verwirrspiel vor, dass sich die Nusra-Front auf Syrien konzentrieren sollte, al-Baghdadi sich mit seinen Truppen wie bisher auf den Irak. Er war der Überzeugung, dass es eine effektivere Stategie sei, wenn sich jede der beiden Gruppen auf das Land konzentrieren würde, in dem ihre Wurzeln liegen. Dadurch ließ sich al-Baghdadi aber nicht beeindrucken. Auch der Führer der Nusra-Front, Abu Muhammad al-Jaulani, konnte sich in dieser Hinsicht al-Zawâhirî nicht anschließen. Er stimmte mit al-Baghdadi darin überein, dass eine solche Regelung eine Bestätigung der nach dem Ersten Weltkrieg durch die Kolonialmächte England und Frankreich festgelegten Aufteilung der Region des Nahen Ostens bedeuten würde. In verschiedenen Internet-Auftritten von ISIS wurde in der Folge die Formulierung »Keine Grenzen« verbreitet.

Al-Baghdadi beharrte trotz der Intervention von al-Zawâhirî auf der Vereinigung der beiden Organisationen. Er erklärte nun den Führer der Nusra-Front, al-Jaulani, zu einem Abtrünnigen und ging gegen die Teile der Nusra-

Front, die sich gegen ihn wehrten, mit Waffengewalt vor. Die Auseinandersetzungen zwischen den beiden Gruppen wurden in der Region und von internationalen Beobachtern ohne großes Interesse zur Kenntnis genommen. Die Bürgerkriegssituation in Syrien war ohnehin schon unübersichtlich genug.

## Die politische Lage im Irak

Seit 2006 lag die politische Macht in den von der Zentralregierung beherrschten Landesteilen des Iraks in den Händen des Ministerpräsidenten Nuri al-Maliki (geb. 1950). Al-Maliki war seit seiner Jugendzeit Mitglied der schiitischen Da' wa-Partei und hatte gegen das Regime unter Saddam Hussein seit 1980 vom Iran aus gekämpft. Er hatte ein schwieriges Amt übernommen, für das er in mancher Hinsicht politisch und praktisch nicht gut vorbereitet war. Ihm wird u. a. ein tief sitzendes Misstrauen gegenüber den Sunniten im Irak nachgesagt, die er als Stützen des Regimes von Saddam Hussein bis in die Gegenwart ansieht. Die politischen Gegebenheiten verlangten aber eine Zusammenarbeit mit den sunnitischen, ebenso wie mit den kurdischen Parteien des Landes. Die Unterstützung seiner Politik durch die schiitischen Parteien reichte nicht aus, zumal sich mit dem radikalen Schiiten Muktada al-Sadr und seiner al-Mahdi-Armee eine schiitische Konkurrenz entwickelt hatte. Einer politischen Tradition seit der Zeit der Unabhängigkeit des Iraks nach dem Ersten Weltkrieg folgend, übernahm er neben seiner Funktion des Ministerpräsidenten auch noch die Positionen des Innen- und des Verteidigungsministers. Die Übernahme der beiden Posten sollte dazu dienen, die zentralen sicherheitspolitischen Felder kontrollieren zu können. Er hatte sich getäuscht. Die Sicherheitslage des Landes ist bis in die Gegenwart labil geblieben.

Die US-Administration im Irak hatte nach der Eroberung des Landes schon im Mai 2003 die irakische Armee mit ihren 375.000 Soldaten vollständig aufgelöst. Die alliierten Truppen selbst sahen sich aber nicht in der Lage, die Funktionen der aufgelösten Armee zu übernehmen. Damit entstand ein Machtvakuum von teilweise anarchischen Ausmaßen. Die Entlassung der Armeeangehörigen führte zu großer Enttäuschung und Verbitterung in der sunnitischen Bevölkerung. Schließlich hatten die Sunniten bis zu diesem Zeitpunkt das Rückgrat der irakischen Armee gebildet. Der Aufbau einer neuen Armee ohne die gewachsenen Strukturen durch amerikanische Ausbilder ging in der Folgezeit nur langsam vor sich. Er wurde immer wieder durch Terrorattacken auf Rekruten und Ausbildungslager gestört. Ministerpräsident al-Maliki verfolgte darüber hinaus die Strategie, die entscheidenden Positionen auch in der Armee mit schiitischen Kräften zu besetzen. Das Selbstverständnis der vormaligen sunnitischen Armee-Offiziere hatte durch die Veränderungen stark gelitten. Voller Wut auf die schiitische Regierung suchten sie nach neuen Betätigungfeldern. Sie hatten sich zum Teil in ihre Heimatregionen im West- und Nordirak zurückgezogen und wurden dort von ihren Großfamilien unterstützt. Offiziere, die zum Teil an amerikanischen, britischen oder sowjetischen bzw. russischen Militärakademien ausgebildet worden waren, empfanden diesen Zustand als demütigend. Von einigen ehemaligen Generälen aus der Zeit Saddam Husseins ist bekannt, dass sie sich immer wieder an die neue Militärführung gewandt und um Wiederverwendung gebeten hatten. Ihre Anfragen waren stets abgelehnt worden. Man muss davon ausgehen, dass sich viele von ihnen vor allem nach dem Abzug der US-Truppen aus dem Irak Ende 2011 der Organisation des ISIS angeschlossen haben. Es ist auch bekannt, dass einer der letzten Vertrauten von Saddam Hussein 'Izzat Ibrahim al-Dûrî, sich ebenfalls dem ISIS angeschlossen hat. Er ist heute der Präsident der im Irak verbotenen Baath-Partei. Er hat damit eine Position inne, die Autorität gegenüber den Tausenden Mitgliedern der Partei verleiht, die sich weiterhin der Partei verpflichtet fühlen. Nach dem Ende des Regimes sind viele von ihnen ebenfalls aus ihren Positionen vertrieben worden und stehen den neuen politischen Verhältnissen kritisch gegenüber. Dass auch die Tochter Saddam Husseins, Raghad, aus dem jordanischen Exil heute den ›Islamischen Staat‹ unterstützt, verdeutlicht die Situation.

*Die Erfolge von ISIS und IS und ihre Ursache*

Während sich ISIS in Syrien zunächst mit der Nusra-Front auseinandersetzen musste, konnte er sich im Irak seit dem Februar 2014 in der westlich von Baghdad gelegenen Provinz al-Anbar fest etablieren. Angeblich befanden sich in dieser Zeit 400.000 Menschen auf der Flucht vor ISIS. Die Regierung al-Maliki hatte zwar versucht, Stämme der

Region durch hohe Dollarzahlungen gegen ISIS in Stellung zu bringen. Während die US-Administration im Irak zuvor mit dieser Praxis erfolgreich gewesen war, gingen die Vertreter der Regierung in Baghdad so ungeschickt vor, dass die Stämme es vorzogen, sich seit dem Frühjahr 2014 dem ›Islamischen Staat im Irak und Syrien‹ anzuschließen.

ISIS ging bei der folgenden Erweiterung seines Machtbereichs strategisch klug vor. Angeleitet durch die ehemaligen Generalstabsoffiziere der irakischen Armee, brachte er vorrangig die Wasserressourcen unter seine Kontrolle. In der Nähe von Stauseen und entlang der Flüsse richtete man Kontrollpunkte ein, deren Linie nicht durchgehend sein konnte, aber die doch für ein strategisches Übergewicht zumindest in den nicht-kurdischen Teilen des Nordiraks sorgten. Trotz dieser offenkundigen Entwicklung traf die Eroberung der Millionen-Stadt Mosul die internationale Öffentlichkeit wie ein Blitzschlag. Nach kurzen Kämpfen konnte ISIS Anfang Juni 2014 die Kontrolle über die gesamte Stadt übernehmen. Die irakischen Truppen hatten unter Zurücklassung ihrer hochmodernen amerikanischen Waffen die Stadt und ihre Umgebung verlassen. Wenige hundert Glaubenskämpfer haben ca. 35.000 Soldaten der von den USA aufgebauten und ausgerüsteten neuen irakischen Armee in die Flucht geschlagen. Angehörige der religiösen Minderheiten wie Christen und Jesiden verließen nach Möglichkeit die Region und flohen zu Tausenden unter dramatischen Umständen in die autonome Region Kurdistan. Die weiter in Richtung Kurdistan vorrückenden Kräfte des ISIS konnten nur mit Mühe von den kurdischen Peschmerga-Milizen aufgehalten werden. Am 29. Juni 2014 bezeichnete Abu Bakr al-Baghdadi das von ISIS gehaltene Gebiet als Kalifat und benutzte nun die Bezeichnung ›Islamischer Staat‹ (IS).

Es gibt etliche Verschwörungstheorien darüber, wie es zu dieser Entwicklung kommen konnte. Manche klingen plausibel wie die, dass die irakische Zentralregierung die Kooperation mit den Peschmerga-Truppen abgelehnt hätte, weil sich die kurdische Autonomie-Regierung in der Frage der Aufteilung der Ölgewinne aus dem Norden des Landes so unbeweglich gezeigt habe. Der eigentliche Grund liegt aber schlicht in der militärischen Inkompetenz auf allen Ebenen der irakischen Armeeführung bis hin zum Ministerpräsidenten und Verteidigungsminister Nuri al-Maliki. Warum die hochtechnisierten westlichen Geheimdienste nicht in der Lage waren, den Vormarsch des ISIS in Richtung Mosul zu beobachten, ist eine offene Frage. ISIS-Truppen rückten in den folgenden Monaten trotz des Fastenmonats Ramadan weiter in Richtung Baghdad vor. Sie zogen sich aber auch bei starkem Widerstand wieder zurück. Militärisch versierte Beobachter sind der Meinung, dass diese Aktionen vor allem den Zweck hatten, die Herrschaft des ISIS über die eroberten Gebiete im West- und Nordirak weiter zu stabilisieren.

Ein anderer Grund für die erfolgreichen Kriegszüge des ISIS bzw. IS liegt in der effektiven und professionellen Form der Propaganda in den sozialen Netzwerken. Wie geradezu virtuos dabei die verschiedenen Medien genutzt werden, zeigt die Umstellung der medialen Propagandawege von Facebook auf Twitter und WhatsApp im Frühjahr 2015. Auf diese Weise können Sympathisanten und potentielle Freiwillige genauer angesprochen werden. Die

Bekämpfung dieser Kommunikationswege im Cyberkrieg durch die westlichen Sicherheitsdienste gestaltet sich darüber hinaus als schwieriger.

Den Satz von Ayman al-Zawâhirî: »Die Dschihâd-Bewegung muss die Umma in ihren Glaubenskrieg mit einbeziehen. Die Umma wird an dem Dschihâd nur dann teilnehmen, wenn für die Massen die Parolen der Glaubenskämpfer verständlich sind«, wird von den Propaganda-Fachleuten von ISIS und IS kompetent umgesetzt. Dabei spricht sie vier Zielgruppen an: Die erste ist die Gemeinschaft der Gläubigen, die Umma, in ihrer Gesamtheit. Sie soll von der Notwendigkeit des Dschihâd gegen den Westen überzeugt werden. Die zweite Zielgruppe besteht aus der Bevölkerung in Konfliktregionen wie dem westlichen oder nordwestlichen Irak oder dem nördlichen und nordöstlichen Syrien, die sich in den Auseinandersetzungen indifferent verhalten. Ziel soll es sein, die neutralen Teile der Bevölkerung zu Sympathisanten zu machen. In diesem Zusammenhang ist dann auch die Werbung von Kämpfern aus allen Teilen der islamischen Welt und aus den islamischen Minderheiten der westlichen Welt zu nennen. Selbstverständlich geht es drittens bei der Propaganda im Internet auch darum, die eigenen Kämpfer zu motivieren und durch Predigten und durch verschiedene Formen von Krieg- und Trauergesängen zu ermuntern, zu trösten, aber auch zu unterhalten. Viertens wollen die Propagandisten schließlich auch unter den Gegnern Angst und Schrecken verbreiten. Die brutalen und teilweise unerträglichen Videos von Hinrichtungen und Foltern haben bei der Eroberung von Mosul ihre Wirkung auf die irakischen Soldaten nicht verfehlt. Auch die im Netz verbreiteten Darstellungen der Ermordung von westlichen Geiseln hat die westliche Öffentlichkeit tief erschüttert.

Ein weiterer Grund für die bisherigen Erfolge von ISIS oder IS liegt in den militärischen Fähigkeiten der Kämpfer. ISIS oder IS haben sich neben den Irakern einerseits zahlreiche ehemalige Afghanistan-Kämpfer angeschlossen, die über jahrelange Kampferfahrung verfügen. Auch die Mitglieder von militanten Gruppen aus Libyen und Algerien, die das Kriegshandwerk in den Bürgerkriegen ihrer Heimatländer gelernt haben, bilden eine kampferprobte Verstärkung der Truppen des IS. Von den auf 20.000 bis 32.000 Kämpfer geschätzten Truppen des IS stammen viele auch aus arabischen Staaten wie Tunesien oder Jordanien, die ihre große Armut zu den Kampftruppen des ›Islamischen Staates‹ getrieben hat. Der vergleichsweise hohe und sichere Sold ist für Söldner aus diesen Staaten, die häufig in ihren Heimatstaaten den Wehrdienst absolviert haben, ein Motiv, sich dem IS anzuschließen. Doch es kommen auch Kämpfer aus den Staaten des Kaukasus mit muslimischer Bevölkerung wie Daghestan oder Tschetschenien. Auch diese Regionen haben lang andauernde gewaltförmige Auseinandersetzungen erlebt. Die zahlreichen Glaubenskämpfer von der Arabischen Halbinsel werden seit langem durch radikale salafistische Prediger geprägt. Sie weichen mit dem Anschluss an den IS den Verfolgungen der Geheimdienste ihrer Heimatländer aus.

Von geringerer militärischer Bedeutung sind im Vergleich die jungen muslimischen Männer aus Europa, die sich vor allem seit 2013 den Truppen von al-Baghdadi anschließen. Die Sicherheitsdienste sprechen von vier- bis fünftausend Freiwilligen. Eine größere Zahl von ihnen stammt aus Frankreich. Neben Konvertiten handelt es sich vor allem um junge Männer aus nordafrikanischen Familien, die unter prekären Verhältnissen schon seit vier bis fünf Generationen in Frankreich leben. Vergleichbare soziale Probleme finden sich auch in Belgien und in den Niederlanden. Jugendliche Straftäter, die aus solchen sozialen und finanziellen Situationen hervorgehen, treffen im Gefängnis auf Mitgefangene, die zu einer radikalen Form von Islam gefunden haben. Ihre Kenntnis ihrer Religion geht nicht sehr tief. Daher schließen sie sich ihren radikalisierten Glaubensbrüdern an. Sie sind des Weiteren in ihrer religiösen Entwicklung von radikalen Internet-Predigern geprägt. Immerhin besitzen sie dank ihrer nordafrikanischen Herkunft gewisse Grundkenntnisse der arabischen Sprache. Diese Kompetenz fehlt den circa 500 jungen Männern und einigen jungen Frauen, die aus Deutschland seit 2013 nach Syrien gereist sind. Sie stammen in der Mehrheit aus türkischen und kurdischen Familien. Ihr sozialer Hintergrund und ihr religiöses Wissen sind jedoch mit dem ihrer aus Frankreich stammenden Kameraden vergleichbar. Gleichgültig aus welchem westeuropäischen Land diese Gruppen von Dschihâdisten stammen, sind sie für die Propaganda-Medien von ISIS oder IS von großer Bedeutung. Durch ihre martialischen und teilweise grausamen Auftritte im Internet sollen sie weitere Anhänger zur Teilnahme am Dschihâd in Syrien und im Irak bewegen. Gleichzeitig geht es den Produzenten dieser Auftritte aber auch darum, in der nicht-muslimischen

Bevölkerung Westeuropas Angst und Schrecken zu verbreiten. Mit diesen Mitteln der Propaganda sollen die islamophoben Stimmungen in diesen westlichen Gesellschaften verstärkt werden. Als Fernziel gilt es schließlich, die Konfrontation von Teilen der Mehrheitsgesellschaften mit den muslimischen Minderheiten zu verstärken.

Alles in allem muss derzeit festgestellt werden, dass die westlichen Militärexperten bisher noch keine Strategie entwickelt haben, wie die Truppen des ›Islamischen Staats‹ erfolgreich zu bekämpfen sind. Der Einsatz von Kampfflugzeugen und Drohnen wird nicht als ausreichendes Mittel angesehen. So erklärte ein Sprecher nach einer NATO-Konferenz am 3. Dezember 2014, dass ein Krieg gegen den IS mit diesen Mitteln alleine nicht zu gewinnen sei.

## Der islamische Staat

Eine Debatte innerhalb der Dschihâd-Bewegung befasst sich mit der Ausformung eines islamischen Staates, wie er aus der radikal-islamistischen Perspektive beschaffen sein sollte. Einheitliche Vorstellungen, die schon in der Zeit von al-Zarqâwî angestellt wurden, sind noch nicht endgültig formuliert worden. Auf der Basis von bedeutenden Staatstheoretikern der Geschichte des islamischen Mittelalters gehen die Vertreter des Schura-Rates davon aus, dass sich die gläubigen Muslime einer politischen Struktur unterwerfen, in der ein Herrscher gleich welcher persönlichen oder moralischen Qualifikation die ihm übertragenen Aufgaben erfüllt. Die Autoren der entsprechenden Texte beziehen sich z. B. auf eine Prophetentradition, in der es heißt: »Sechzig Jahre unter einem ungerechten Herrscher sind besser als eine Nacht ohne Herrscher.« Diese Argumentation geht auf eine Reihe von mittelalterlichen muslimischen Staatstheoretikern zurück, die davon überzeugt waren, dass Chaos und Anarchie in einer Gesellschaft schlimmere Folgen haben könnten als die Gewalt eines ungerechten Herrschers. Ein anderes Moment bezieht sich auf die konkrete Situation im gegenwärtigen Irak. Nur die Einrichtung eines islamischen Staates könne es mit sich bringen, dass die sunnitischen Iraker nicht weiter unterdrückt würden. Schließlich sei der Irak als ein Land, das von einer westlichen Armee besetzt sei, nach der Übernahme der Macht durch den IS das ideale Vorbild für alle die Regionen in der islamischen Welt, die ebenso unter der politischen, wirtschaftlichen oder militärischen Oberhoheit einer westlichen Macht ständen. All diese Gründe sprechen aus der Sicht der Dschihâdisten dafür, dass ein islamischer Staat entsteht, der von der Bevölkerung zu unterstützen ist.

### Die politische Struktur des Islamischen Staates

Der Herrscher im islamischen Staat soll nach der islamischen Staatstheorie bei der Erfüllung seiner Aufgaben von einem Beratungsgremium (Schura) unterstützt werden. Solche Gremien kennt die politische und Sozialgeschichte der arabischen Halbinsel schon aus vorislamischer Zeit. Sie waren von einem Führer koordiniert worden, der in der Lage sein musste, die verschiedenen Ansichten und Vorstellungen einer hierarchisch nicht strukturierten Gruppe, eines Clans oder Stammes so in Übereinstimmung zu bringen, dass alle Mitglieder dieser Schura der Durchführung einer bestimmte Aufgabe wie einem Kriegszug oder einem gemeinsamen Handelsunternehmen zustimmten. Auch der Prophet Muhammad hatte sich nach der Überlieferung bei seinen politischen und militärischen Entscheidungen auf ein Beratungsgremium gestützt. Dabei hatte er sich nach den Berichten der frühen arabischen Historiographen auch von seiner ursprünglichen Meinung durch die Schura abbringen lassen. Christoph Günther hält fest, »dass das Konsultationsprinzip als stabilisierendes und legitimierendes Instrument der Herrschaft im Islam seit seinem Auftreten genutzt wurde«. Die Berechtigung, einen ›Beherrscher der Gläubigen‹ zu bestimmen, leitet die Schura-Versammlung des ›Islamischen Staates‹ in bester salafistischer Tradition von einem Ausspruch des Propheten Muhammad ab, der nach muslimischer Überzeugung gesagt hat: »Noch immer gibt es eine Schar aus meiner Gemeinschaft, die nach den Geboten Gottes kämpft und ihre Feinde besiegt.« Die Mudschâhidîn des ›Irakischen Staates‹ verstehen sich als diese Schar und leiten von diesem Satz ihr Recht zur Wahl eines ›Beherrschers der Gläubigen‹ ab. Wie sich der konkrete Wahlvorgang abspielen soll oder wie er sich tatsächlich abgespielt hat, ist nicht bekannt. Angeblich sollen auch sunnitische Stammesführer und Gelehrte daran beteiligt worden sein. Das islamische Recht kennt neben der Wahl eines Herrschers auch die Möglichkeit, dass er seine Position mit Gewalt einnimmt. Da die islamische Gemeinschaft aber unbedingt eine zentrale Herrscherfigur benötigt, wird auch diese Form der Machtübernahme als legitim angesehen. In Ländern wie Syrien oder dem Irak, die seit mehreren Jahrzehnten unter der Herrschaft entsprechender Usurpatoren zu leiden hatten oder zu leiden haben, ist eine gewaltsame Herrschaftsübernahme aber kaum der richtige Weg, um sich der Zustimmung der Bevölkerung zu vergewissern.

Die Funktionen des islamischen Staates werden in den Verlautbarungen des ›Islamischen Staates im Irak‹ und seinen Nachfolgeorganisationen unter das Motto ›Das Richtige befehlen und das Schlechte verbieten‹ (arabisch: amr bil-ma'rûf wa n-nahy 'an al-munkar) gestellt. Dieser Aufruf geht ebenfalls auf eine lange Tradition zurück. Ursprünglich war es die Aufgabe der Kalifen, in diesem Sinne für Recht und Ordnung zu sorgen. Sie konnten diese Aufgabe aber auch an verschiedene staatliche Funktionäre abgeben. Am bekanntesten ist in diesem Zusammenhang das Amt des Muhtasib (Marktvogt). Er hatte auf den Märkten und in den Basaren dafür zu sorgen, dass Handel und Wandel korrekt vor sich gingen und sich Händler und Kunden in ihrem Verhalten an die üblichen Regeln in einer islamischen Öffentlichkeit hielten. Der Marktvogt und seine Helfer konnten bei Verstößen mit unmittelbaren Sanktionen eingreifen, indem sie Strafen bis hin zu körperlichen Züchtigungen verhängten. Für ihre Tätigkeit verfügten sie über Handbücher, die heute aufschlussreiche Quellen für die islamische Sozial- und Wirtschaftsgeschichte darstellen. In Nordafrika gab es diese Funktionsträger noch bis in die 1950er Jahre.

Was das Gute und was das Schlechte ist, bestimmen im neo-salafistischen Staat der Koran und die Prophetentraditionen in der Art und Weise, wie sie die neo-salafistischen Gelehrten auslegen. Die Schura erklärte, entsprechend ausgebildete Richter eingesetzt zu haben. »Die erstmalige Implementierung des islamischen Rechts seit dem Fall des Kalifats im Zweistromland war den Menschen eine große Freude.« (Übersetzung Christoph Günther) Auch hier taucht die Bezugnahme auf das abbasidische Kalifat wieder auf. Im Übrigen aber muss in der konkreten Situation im Irak, aber auch in Syrien die Frage gestellt werden, wie weit die Zustimmung der Bevölkerung zur Implementierung des islamischen Rechts in der neo-salafistischen Form überhaupt zu erkennen ist. Aus der Sicht der Neo-Salafisten stellt sich diese Frage allerdings erst gar nicht. Der Bevölkerung bleibt gar nichts anderes übrig, als diese Form des staatlich eingeführten islamischen Rechts zu akzeptieren. Sie haben sich dem Prinzip der »Unterwerfung der Menschen gegenüber ihrem Herrn« zu beugen. Diese Unterwerfung wird durch den islamischen Staat durchgesetzt, der »den Monotheismus und seine Ausbreitung schützt und die religiösen Gesetze durch Macht und Autorität in die Praxis umsetzt.« Die islamische staatsrechtliche Tradition bringt das auf die Kurzformel vom »Hören und Gehorchen« (s-sam'wa-t-tâ'a). Dabei können sich die Neo-Salafisten auf folgende Prophetenüberlieferung beziehen: »Erkennt mich als Oberhaupt an, indem ihr zu Diensten (wörtlich: aufs Hören und Gehorchen) seid, mit Aktivität und Untätigkeit und wohltätiger Spende in misslicher wie in angenehmer Lage, indem ihr das Gute gebietet und das Schlechte verbietet und damit ihr über Gott sprecht und ihn nicht als tadelnden Ankläger fürchtet und damit ihr mich unterstützt

202

und mich schützt. ... Euch selbst und euren Frauen und
Söhnen wird das Paradies sein.«


## Ansätze zu einer Sozial- und Wirtschaftspolitik

Wenn sich die muslimische Bevölkerung des islamischen
Staates entsprechend diesen Vorstellungen verhält, will sich
die Führung auch für die Fürsorge der Menschen in ihrem
Herrschaftsbereich verantwortlich sehen. Die Staatstheo-
retiker des ›Islamischen Staates im Irak‹ sahen sich in
einem Wettlauf mit den Kräften der islamischen, schiitisch
geführten Zentralregierung und den diese unterstützenden
alliierten Truppen zur »Übernahme der Verantwortlichkei-
ten und der Kosten« für den Unterhalt der Bevölkerung.
Im Konkreten bedeutete das die Versorgung der Familien
von Märtyrern, der Opfer von Bombenangriffen, den Unterhalt von Straßen und Brücken oder die Finanzierung von
jungen heiratswilligen Paaren. Auch ein Krankenversiche-
rungssystem soll sich im Aufbau befinden. In einer propagandistischen Operation, die in ähnlicher Form auch
schon unter Saddam Hussein veranstaltet worden war, wurden 2007 palästinensische Flüchtlinge eingeladen, sich in
den vom ›Islamischen Staat im Irak‹ kontrollierten Gebieten
in den Provinzen al-Anbar, Salah al-Din und Diyala anzusie-
deln, wo ihnen die Mudschâhidîn Dörfer »mit den besten
Häusern, Farmen und Gärten in deren Mitte Flüsse fließen«
überlassen wollten.
   Den größten Etatposten im Finanzhaushalt des aktuellen
›Islamischen Staates‹ stellt die Versorgung und soziale Siche-

rung der Kämpfer dar, gefolgt von den Ausgaben für den Ankauf von Waffen. Die Finanzierung all dieser staatlichen Aufgaben erfolgt durch unterschiedliche Quellen. Lange Zeit konnten sich die Finanzfachleute von ISIS auf umfangreiche Spenden von salafistisch gesinnten Unternehmern auf der arabischen Halbinsel, vor allem in Kuwait und Qatar, aber auch in Saudi-Arabien und in den Vereinigten Arabischen Emiraten verlassen. Inzwischen stammen die ›staatlichen‹ Einnahmen aber auch aus anderen Quellen. Bei der Eroberung von Mosul stürmten die IS-Kämpfer die Filiale der irakischen Zentralbank und andere Banken. Bei dieser Aktion fielen ihnen Barmittel im Gegenwert von angeblich mehr als 800 Millionen Dollar in die Hände. Weiterhin müssen Geschäftsleute und Unternehmer, die im Herrschaftsbereich des ›Islamischen Staates‹ ihren Geschäften nachgehen, Steuern in beträchtlichem Umfang bezahlen, die aber mit Schutzgeldzahlungen an kriminelle Organisationen vergleichbar sind. Steuererklärungen müssen im ›Islamischen Staat‹ bisher noch nicht abgegeben werden. Auch in Syrien und im Irak ernährt der Krieg den Krieg. Die Truppen des IS plündern flächendeckend Institutionen und die Bevölkerung aus. Dabei werden zunächst vorrangig die religiösen Minderheiten der Christen und der Jesiden beraubt. Nach den Grundlagen des islamischen Rechts müssen z. B. die Christen eine Kopfsteuer (Dschizya) an den islamischen Staat bezahlen. Nach der Eroberung der Region Mosul durch die Truppen des IS mussten die Angehörigen der verschiedenen christlichen Gemeinschaften entgegen diesen Regeln des islamischen Rechts die Stadt verlassen. Ihren gesamten Besitz außer ihrer Kleidung mussten sie zurücklassen und den Plünderungen durch den IS überlassen. Im Übrigen wird vermutet, dass der IS in verschiedenen Regionen militärische Operationen ohne spezielle strategische Ziele durchführt, um so an weitere finanzielle Mittel zu gelangen.

Als weitere Einnahmequellen werden auch Lösegeldforderungen für Entführungsopfer genannt. Im Fokus stehen dabei westliche Geiseln, die gegen entsprechende Zahlungen freigelassen werden. So soll die Forderung für zwei japanische Geiseln im Januar 2015 angeblich 200 Millionen US-Dollar betragen haben. Bei ihren Eroberungen gelangten die IS-Ökonomen auch in den Besitz von Produktionsstätten für Erdöl und Erdgas. Teile der entsprechenden Förderung werden für die eigenen Bedürfnisse verwendet, andere an die Bevölkerung verkauft. Vor allem aber werden Erdöl und Erdölprodukte nach Jordanien und in die Türkei exportiert. Die IS-Ökonomen nutzen für diese Geschäfte die seit 1990 vorhandenen illegalen Verkaufs- und Transportmöglichkeiten im Irak. Die US-Luftangriffe auf Raffinerien im Herrschaftsgebiet des IS Ende 2014 hatten den Zweck, diesen Teil der Finanzierung des ›Islamischen Staates‹ zu erschweren. Bestände von staatlichen und privaten Kunstsammlungen und die Fundstücke aus Raubgrabungen im Irak und Syrien werden von den IS-Händlern in den internationalen Kunstmarkt eingespeist. Die verschiedenen internationalen Bemühungen, diesen Markt durch entsprechende Verbote trockenzulegen, werden aber nur bei institutionellen Sammlern und Museen Wirkung erzielen. Private Sammler, die international agieren und vor allem selbst aus dem arabischen Raum kommen, werden sich von solchen Verboten nicht abhalten lassen. Sie verfügen über die entsprechenden erheblichen Mittel und werden sich die gute Gelegenheit, wertvolle Stücke aus dem reichen Kulturgut Syriens und des Iraks zu erwerben, nicht entgehen lassen.

Die Finanzverwaltung des IS bedient sich bisher eher der Formen einer rudimentären Etatverwaltung. Einnahmen und Ausgaben werden in entsprechenden Kontenbüchern eingetragen oder mit Computerprogrammen bearbeitet. Es ist angesichts der unübersichtlichen Verhältnisse aber nicht zu erwarten, dass zumindest alle Einnahmen vollständig verbucht werden. Alles in allem wird man davon ausgehen dürfen, dass ein vollständiger Überblick über die finanziellen Möglichkeiten des ›Islamischen Staates‹ auch auf dessen Führungsebene nicht vorhanden ist.

Wie die Militärs sind auch die Finanzleute des IS Medienprofis. Viel Aufmerksamkeit erzielten sie bei der internationalen Presse, als sie im November 2014 von der Einführung einer neuen Währung in ihrem Herrschaftsgebiet berichteten. Die Idee war nicht neu. Schon der Chef des ›Islamischen Staates im Irak‹, Mus'ab al-Zarqâwî, hatte eine eigene Währung einführen wollen. Auf den Papiergeldscheinen sollte ein Bild von Usama Bin Laden abgedruckt werden. Das Vorhaben blieb in der Planung stecken. In der Nachfolge teilte der ›Islamische Staat‹ nun mit, dass die Währung in seinem Gebiet nicht aus Banknoten, sondern aus Münzen verschiedener Größe und aus unterschiedlichen Metallen bestehen solle. Insgesamt ist geplant, Sorten von je zwei Gold-, zwei Silber- und zwei Kupfermünzen prägen zu lassen. Wieder stellten die Vertreter des

IS auf diese Weise einen Bezug zur Kalifenzeit im Land von Euphrat und Tigris her. In der Abbasiden-Zeit kannte man als teuerste Münze den Gold-Dinar, dem folgte der Silber-Dirham. Die Münze mit dem geringsten Wert war der kupferne Fils. Die geplante Goldmünze zeigt auf einer Seite eine Weltkarte, auf der anderen oben den arabischen Schriftzug ›al-daula al-islâmiyya‹ (Der islamische Staat), darunter folgt dann die Bezeichnung 5 Dinar und unten findet sich der arabische Schriftzug ›Khilâfa ʿalâ minhâj al-nubuwwa‹ (Kalifat nach dem Programm des Prophetentums). Die Münze wiegt 21,25 Gramm und hat je nach Marktsituation einen Metallwert von ca. 700 US-Dollar. Die Silbermünze hat dieselben Schriftzüge. Sie unterscheidet sich nur durch die Bezeichnung ›Dirham wâhid‹ (1 Dirham) in der Mitte. Ihr Metallwert wird je nach Marktlage auf 0,45 bis 4,50 US-Dollar geschätzt. Auf der Bildseite zeigt sie einen Rundschild mit einem Speer. Ferner ist eine Silbermünze im Wert von 5 Dirham geplant. Auf der Bildseite findet man eine abstrahierte Darstellung der Großen Moschee von Damaskus mit dem Minarett, auf dem vor dem Tag des Jüngsten Gerichts der Messias erscheinen wird. Im Volksmund wird es als Jesus-Minarett bezeichnet. Die Kupfermünze, von der keine Abbildung vorliegt, soll einen Metallwert von etwa 0,07 US-Dollar besitzen. Wie weit die Herstellung der Münzen vorangeschritten ist, kann vorerst nicht geklärt werden.

Sprecher des IS haben erklärt, dass sich ihr Staat durch die Einführung dieser Münzen als allgemeines Zahlungsmittel von den internationalen Geldmärkten unabhängig machen will. Angeblich besitzt der ›Islamische Staat‹ in ausreichendem Maß die entsprechenden Metallvorräte, um eine erforderliche Anzahl von Münzen prägen zu können. Dennoch bleibt diese Währung nach ihrer Einführung abhängig von den internationalen Märkten für Gold, Silber und Kupfer. Aus der Sicht der Bewohner des IS-Herrschaftsgebiets hätte die Einführung vor allem der Gold-Dinare aber einen Vorteil. Das Risiko von Wertverlusten durch eine lang andauernde Inflation bei Papiergeld könnte nicht entstehen. Traditionell pflegten die Bewohner in vielen Regionen des Nahen und Mittleren Ostens Verträge abzuschließen, die eine lange Laufzeit haben konnten. So wurde bei Heiratsverträgen eine Zahlung von Brautgeld gerne in Goldwährung abgeschlossen. So war das Einkommen einer geschiedenen Frau auch nach einer langen Ehezeit weitgehend gesichert. Insofern könnte der IS mit einer derartigen Finanzpolitik Sympathien in der Bevölkerung gewinnen.

*Das tägliche Leben im ›Islamischen Staat‹*

Besucher von Raqqa, der Hauptstadt des IS in Syrien oder der irakischen Millionenstadt Mosul übermitteln unterschiedliche Eindrücke vom Leben unter dem neu gegründeten Kalifat. Schiiten jeder Form, Christen jeder Konfession und vor allem die Jesiden haben unter der Herrschaft der radikalen Bartträger viel zu leiden. Mit Beginn ihrer Machtübernahme wurden sie in der Regel aus ihren Häusern und von ihrem Land vertrieben. Wenn sie Glück haben, müssen sie ›nur‹ die Jiszya, die Kopfsteuer, für die

›Schutzbürger‹ (Ahl al-dhimma) bezahlen. Das sind aber in Mosul nur die Christen. Ihnen ist es verboten, öffentlich zu beten oder sichtbar Kreuze und andere Kennzeichnen ihrer Religionszugehörigkeit zu tragen. Die Schiiten werden als Abtrünnige bezeichnet und behandelt. Sie müssen zum sunnitischen Islam konvertieren oder fliehen. Die Jesiden, die einer alten mesopotamischen, synchretistischen Religion angehören, werden als Heiden besonders attackiert. Es kommt entgegen den Regeln des islamischen Rechts zu Zwangsislamisierungen, Zwangsverheiratungen von Jesidinnen, Folterungen und Vertreibungen. Die religiösen Bauwerke all dieser Religionsgemeinschaften wurden zerstört, selbst die Moscheen der Schiiten. Sunniten dagegen geht es unter dem IS im Irak nicht schlecht, jedenfalls aus ihrer Sicht bisher besser als unter der schiitischen Zentralregierung. Doch auch sie müssen sich an die vom Salafismus vorgegebenen Regeln halten, die spätestens seit dem Beginn der Baath-Herrschaft im Irak nicht mehr beachtet wurden. Frauen müssen sich den strikten Kleidungsvorschriften des Salafismus unterwerfen. Der Ganzkörperschleier mit einem Gesichtsschleier, der nur einen Augenschlitz offen lässt, ist verpflichtend. Offenbar dürfen aber die Hände frei bleiben. Das Tragen von Handschuhen, wie es sich z. B. bei Frauen radikaler Gruppen in Ägypten findet, ist bisher nicht üblich. Schließlich ist aus salafistischer Sicht nicht bekannt, dass Frauen in Mekka oder Medina zur Zeit des Propheten Muhammad Handschuhe kannten. Auch Männer müssen feste Kleiderregeln beachten. Westlich anmutende Kleidung wie Jeans oder enge Kleidung ist nicht gestattet. Verboten ist der Konsum von Alkohol, von

Zigaretten und von anderen Rauschmitteln. Kinos wurden geschlossen. Das Hören von westlicher Musik ist verboten. Nur Männern und Jungen ist das Baden in öffentlichen Bädern, Seen oder Flüssen erlaubt. Allerdings müssen sie dabei den Oberkörper durch T-Shirts oder die klassische Jallabiyya bedeckt halten. Gefördert wird dagegen das öffentlich vollzogene tägliche Gebet. Dieses Ritual folgt einem geradezu demonstrativen Muster.

## Die Perspektiven des ›Islamischen Staates‹

Der ›islamische Staat‹ besteht bei Erscheinen dieses Buches noch kein ganzes Jahr. Seine Versuche, durch die Einnahme der kurdischen Stadt Kobane in Syrien einen direkten Zugang zur türkischen Grenze zu bekommen, forderten große Verluste an Menschenleben auch auf Seiten des IS und waren bisher erfolglos. Nach langem Zögern hat sich eine Koalition verschiedener Staaten unter der Führung der USA zusammengefunden, die Schwerpunkte der militärischen Operationen des IS und ihre Basen attackiert und damit den kurdischen Peschmerga-Milizen Möglichkeiten für Rückeroberungen verschafft. Langfristig ist der IS aber nicht ohne den Einsatz von Bodentruppen zu besiegen. Die USA versuchen, die irakische Armee nach ihrem unrühmlichen Verhalten in Mosul wieder zu stabilisieren. Im Frühjahr 2015 soll der Versuch unternommen werden, Mosul zurückzugewinnen. Noch steht die sunnitische Bevölkerung im Nordirak und in Nordostsyrien zum IS. Ob diese Haltung bei einer Veränderung der Politik ihnen gegenüber durch die Regierungen in Baghdad und Damaskus stabil bleiben wird, muss abgewartet werden.

Ein dramatisches Ereignis im Februar 2015 hat die starke Stellung des ›Islamischen Staates‹ bei vielen Sunniten schwer beschädigt. Am 24. Dezember 2014 war der jordanische Luftwaffenpilot Mu'âz al-Kasa'esbeh bei einem Angriff auf IS-Stellungen nach einer Notlandung in die Hände des IS geraten. Kurz darauf wurde er im syrischen Raqqa in einem Käfig öffentlich bei lebendigem Leib verbrannt. Als die Versuche der Befreiung des Jordaniers durch den Austausch gegen zwei in Amman wegen Attentaten im Jahr 2005 zum Tode verurteilten Mitgliedern von al-Zarqâwîs Gruppe ›al-Qaida im Irak‹ unternommen wurden, war er schon tot. Die Verbrennung von Mu'âz al-Kasa'esebeh wurde vom IS erst Anfang Februar 2015 international bekannt gemacht. Die mehrheitliche sunnitische Öffentlichkeit in Jordanien war schockiert. Die Angehörigen des Piloten, die zu einem der wichtigsten Stämme Jordaniens gehören, forderten Rache. Zunächst wurden die beiden Häftlinge, eine Frau und ein Mann, hingerichtet. Jordanien, das sich bisher im Kampf gegen IS zurückgehalten hatte, begann seit Februar mit heftigen Angriffen auf dessen Stellungen im Irak und in Syrien. Vor allem aber hat IS durch sein Vorgehen in hohem Masse Sympathie bei sunnitischen Gelehrten und ihren Anhängern verloren. Eine Organisation, die die Durchsetzung des Islams in einer strikt sunnitischen Form zu ihrer Raison d'être gemacht hat, ignoriert eine Aussage des Propheten Muhammad, die auch von den schlimmsten Gewaltherrschern der Moderne in der islamischen Welt beachtet wurde. Der Satz lautet:

„Kein Mensch darf mit Feuer bestrafen. Das ist das Recht Gottes allein." Die Führer des IS haben sich also auch aus der Sicht islamistischer Rechtsgelehrter an die Stelle Gottes gesetzt. Das ist schlimmer als Polytheismus und bedeutet den Abfall vom Islam. Die in IS-Verlautbarungen vorgetragenen Argumente, dass sich der Prophet auch anders geäußert habe, wurden von allen wichtigen sunnitischen Gelehrten als falsch bezeichnet. Durch diese dem Islam widersprechende Haltung hat IS seiner religiösen Autorität in der sunnitisch-islamischen Welt schwer geschadet.

Wie steht es um die weiteren Aussichten? Nach den großen Erfolgen des IS im Irak und der Ausrufung des Kalifats hatten sich in verschiedenen Regionen der islamischen Welt radikale islamistische Milizen durch ein Treuegelöbnis (Bai'a) dem neuen Kalifen unterstellt. Im September 2014 hatte der Dschihâdist Khalid Abu Sulaiman (eigentlich: Abd al-Malik Gouri) die Gruppe ›Jund al-Khilâfa fî ard al-Jazâ'ir‹ (Heer des Kalifats auf dem Boden Algeriens) gegründet. Er hatte zuvor auf der Seite von ›al-Qaida im Maghreb‹ gekämpft. Nun leistete er dem Kalifen in Mosul den Treueid und erklärte: »Du hast im Maghreb Männer, die deinem Befehl gehorchen.« Kurz darauf schlossen sich ihm andere Fraktionen von ›al-Qaida im Maghreb‹ an. Nach amerikanischen Informationen hat sich auch in der ostlibyschen Stadt Derna eine Gruppe dem IS angeschlossen. Der ›Islamische Staat‹ habe dort auch Trainingscamps eingerichtet. Dem IS angeschlossen haben sich ferner in den ersten Novemberwochen 2014 die ›Ansâr bait al-maqdis‹ (Helfer Jerusalems) im nördlichen Teil der Sinai-

Halbinsel. Die Gruppe hatte durch verschiedene Terrorangriffe auf ägyptische Polizei- und Militäreinrichtungen, auf Ölpipelines und auf Zementfabriken im Sinai zu Instabilität und heftigen Militäraktionen der ägyptischen Sicherheitsdienste geführt. Ein Sprecher der Gruppe forderte im Internet Muslime auf, sich ebenfalls dem Kalifen zu unterstellen: »Eure Einheit ist Stärke und eure Uneinigkeit ist Schwäche. ... Darum bestimmt euer Schicksal selbst, vereinigt euch und unterstützt euren Staat. ... Wir haben keine Alternative, als dem Kalifen unseren Treueschwur zu leisten, auf ihn zu hören und ihm zu gehorchen.« In entsprechenden Erklärungen haben die Abu-Sayyaf-Gruppe auf den Philippinen und die Boko-Haram-Milizen in Nigeria ebenfalls ihre Unterstützung für al-Baghdadi erklärt, erkennen ihn aber nicht als Kalifen an. Schließlich verbreiteten sich ebenfalls im November 2014 Meldungen, dass auch Taliban-Gruppen im pakistanischen Belutschistan eine Kooperation mit dem ›Islamischen Staat‹ verabredet und al-Baghdadi als Kalifen anerkannt hätten. Während die Treueerklärungen aus Ägypten, Libyen und Algerien von den dortigen Dschihâdisten ausgehen und wohl eher einen deklamatorischen Charakter haben, gingen die Gespräche in Belutschistan vom IS aus und lassen strategische Überlegungen erkennen. Teile dieser Region gehören nämlich zum iranischen Staatsgebiet. Die Bevölkerung folgt im Gegensatz zur schiitischen Staatsreligion im Iran der sunnitischen Konfession. Schon seit einigen Jahren ist es immer wieder zu dschihâdistischen Attacken auf staatliche iranische Einrichtungen gekommen. Die Kooperation des IS mit den strikt sunnitischen Taliban in Belutschistan hat die Funktion, den Iran mit seinen starken Interessen im Irak und in Syrien von seiner östlichen Flanke her zu destabilisieren.

In verschiedenen westlichen politischen und strategischen Foren wurde Ende des Jahres 2014 davon ausgegangen, dass der ›Islamische Staat‹ den Höhepunkt seiner Macht inzwischen überschritten hat. Als Beleg für diese Einschätzung wird darauf hingewiesen, dass die Führung des IS vor allem in Syrien Mühe habe, die Kontrolle über die Kämpfer zu bewahren. Die Zahl der dort wegen Fahnenflucht hingerichteten Kämpfer des IS und der aus demselben Grund Inhaftierten kann nur geschätzt werden, soll aber beträchtlich sein. US-Außenminister John Kerry hat bei einer Konferenz in London im Januar 2015 erklärt, dass der Vormarsch des IS gestoppt sei. Bei gleicher Gelegenheit erläuterte aber sein britischer Kollege Philip Hammond, dass der ›Islamische Staat‹ nur durch Bodentruppen besiegt werden könne. Die irakische Armee sei aber nicht dazu in der Lage, diese Aufgabe zu übernehmen. Die entsprechende Ausbildung mit Hilfe westlicher Experten werde noch ein oder zwei Jahre dauern.

Vor allem aber ist der ›Islamische Staat‹ damit beschäftigt, seine Staatlichkeit zu organisieren und flächendeckend durchzusetzen. Nach verschiedenen Beobachtern gehen die Führer des IS sehr rational, pragmatisch und durchaus modern vor. Loretta Napoleoni sieht diese Staatlichkeit schon hergestellt. Um sich die Sympathie der sunnitischen Bevölkerung zu bewahren, ist die Durchsetzung der entsprechenden staatlichen Regelungen und Organisationsformen nicht ohne Weiteres mit dem Einsatz von Drohungen und Gewalt möglich. Hier ist das Verhalten der Dschihâdisten auch aus Sicht des IS immer wieder kontraproduktiv. Es mehren sich die Vorwürfe, dass die Kämpfer des IS sich auch der sunnitischen Bevölkerung gegenüber generell arrogant und unfreundlich verhalten. Nach UN-Angaben hat es darüber hinaus in den ersten drei Wochen des Jahres 2015 etwa 40 Massenhinrichtungen durch den IS gegeben. Unter den Opfern waren auch Angehörige der sunnitischen Stämme im Nord- und Westirak. Diese Art des Umgangs mit der sunnitischen Bevölkerung wird die Position des ›Islamischen Staates‹ schwächen, weil die Sunniten in Syrien und im Irak, die außerhalb des Herrschaftsbereichs des IS leben, ihr Interesse an dem Kalifenstaat rasch verlieren werden. Diese Sunniten werden ihrerseits von den großen, kapitalkräftigen sunnitischen Staaten und Organisationen zu einer kritischen Haltung gegenüber dem IS ermuntert. Diese Politik geht vor allem von Saudi-Arabien aus. Trotz gemeinsamer Vorstellungen von dem ›richtigen‹ Islam sehen die politischen Eliten im Königreich die Gefahren, die vom IS ausgehen, für sie und die politischen Strukturen im Land. Mit einer klugen Politik könnten die etablierten sunnitischen Eliten, auch über die arabische Halbinsel hinaus, vor allem in Ägypten und Nordafrika den Einfluss des IS begrenzen und ihn schließlich zurückdrängen. Ob diese Klugheit eingesetzt wird, muss abgewartet werden.

# Ausblick

Dass junge Männer und auch einige wenige junge Frauen aus muslimischen Familien in Europa sich vor allem dem IS in Syrien und dem Irak anschließen, beunruhigt die Öffentlichkeit vor allem seit den Morden an den Journalisten der französischen satirischen Zeitschrift ›Charlie Hebdo‹ im Januar 2015 in verstärktem Maße. Auch die Sicherheitsbehörden befürchten Gefahren, die von den Rückkehrern ausgehen könnten. Bei ersten Untersuchungen über die Freiwilligen des IS aus Europa haben sich einige Gemeinsamkeiten, aber auch Unterschiede herausgestellt. Die größere Zahl stammt aus Familien, die aus arabischen Staaten eingewandert sind. Junge Männer mit türkischer Herkunft sind in der Minderzahl. Anfällig für die Propaganda des IS und anderer radikaler Organisationen sind nicht nur Jugendliche aus prekären sozialen Verhältnissen, sondern auch solche aus Familien des Mittelstands. Konvertiten machen naturgemäß nur einen geringeren Prozentsatz der Freiwilligen aus, treten aber in den europäischen Medien wie in den Internet-Aktivitäten des IS prominent auf. Gemeinsam ist allen Freiwilligen, dass sie mit dem Islam enger durch neo-salafistische Prediger bekannt gemacht worden sind. Junge europäische Muslime, die durch ihre Familien und Moscheegemeinden gute Kenntnisse ihrer Religion erhalten haben, zeigen sich gegenüber den neo-salafistischen Missionaren und der Internet-Propaganda deutlich resistenter.

Grundsätzlich aber muss festgestellt werden, dass vor allem die Internet-Auftritte des IS hoch professionell produziert und für junge Menschen, die ein erhebliches Maß an Internet-Affinität aufweisen, außerordentlich attraktiv sind. Die verschiedenen im Netz vorhandenen Spiele mit heftigen Gewaltsequenzen haben nach Ansicht mancher Fachleute schon öfter in Europa wie in Nordamerika zu entsprechenden opferreichen Angriffen vor allem auf Schulen und Kinos geführt. Die radikal-islamistischen Nutzer der sozialen Netzwerke nehmen alle neuen Entwicklungen auf diesem Gebiet wahr und stellen ihre Beteiligung an den Netzwerken ständig um. Nach der Nutzung von Facebook sind die salafistischen Internet-Imame inzwischen vor allem auf Twitter und WhatsApp zu finden. Es ist davon auszugehen, dass sie auch die weiteren Innovationen in diesem Feld rasch zur Kenntnis nehmen. Das erschwert ihre Überwachung durch die Sicherheitsdienste.

Es sind aber nicht nur die Sicherheitsdienste, denen die Internet-Aktivitäten der radikalen Salafisten Schwierigkeiten bereiten, sondern auch die liberalen oder orthodoxen Moscheegemeinden in der islamischen Welt und vor allem die in Europa. Gerade letztere haben sich über Jahrzehnte vor allem um ihre älteren Mitglieder gekümmert. Auf diese wird auch heute noch besondere Rücksicht genommen. Die jungen Muslime haben dagegen eine geringere Aufmerksamkeit erhalten. Die für diese angebotenen Veranstaltungen waren pädagogisch und inhaltlich nicht auf deren Bedürfnisse ausgerichtet. Da die Jugendlichen ohnehin in hohem Maße internetaffin sind, haben sie sich mit ihren Fragen zu den verschiedensten Themen eines muslimischen

Lebens vornehmlich an Internet-Imame gewandt. Deren ideologische Ausrichtung und theologische Kompetenz konnten sie jedoch nicht einschätzen. In der Regel gelangten sie bei ihren Internet-Recherchen an neo-salafistische Imame. Oder, wie der Imam einer Berliner Moschee der Süddeutschen Zeitung sagte: »Die Moschee der Salafisten ist das Internet.« Viele der Internet-Imame indoktrinieren die jungen Nutzer dahingehend, dass zunächst und vor alle die Imame und Gelehrten, die die salafistischen Vorstellungen ablehnen, energisch bekämpft werden müssen. Für die zukünftige Entwicklung des Islams insgesamt wird der Kampf um das muslimische Internet von entscheidender Bedeutung sein.

Die Faszination, die vom IS ausgeht, wird von manchen Beobachtern auch als Jugendphänomen betrachtet und mit vergleichbaren Erscheinungen wie der Punk-Bewegung der 1970er Jahre verglichen. Einige Designer zeigen sich beeindruckt von den ›durchgestylten‹ Auftritten der Anhänger des ›Islamischen Staates‹ insgesamt. Sie sehen eine hohe Werbewirkung in deren schwarzen Bannern mit den arabischen Inschriften wie in den martialischen Auftritten den Kämpfer. Hinter derartigen eurozentrischen Vorstellungen kann man die Hoffnung vermuten, dass sich das Phänomen des ›Islamischen Staates‹ abnutzen wird wie die Punk-Bewegung oder andere Jugendbewegungen des vergangenen Jahrhunderts. Dies ist jedoch ein Irrtum.

Radikale Formen des Islams existieren in neuer Form schon seit den 1970er Jahren. Man könnte sie als einen Aspekt der Moderne bezeichnen. Die Leichtigkeit, mit der z. B. das Internet für Werbung und Kommunikation gebraucht wird, belegt das. Trotz ihrer Überzeugung, dass sie dem Propheten Muhammad und seiner frühen Gemeinde in allem folgen müssen, zeigen die radikalen Islamisten ein gehöriges Maß an Pragmatismus, wenn es um die Form der Durchsetzung ihrer Vorstellungen geht. Diese Kombination aus simpelstem Gut-Böse-Schematismus mit diesem Pragmatismus wird sich kaum jemals auflösen. Sie wird aber immer wieder an den Realitäten scheitern. Es mag sein, dass der ›Islamische Staat‹ sich tatsächlich zu einem Staat im Sinne des Völkerrechts entwickelt, wenn die Chancen dafür auch nicht besonders hoch sind. Falls eine solche Situation aber dennoch wider Erwarten eintreten sollte, müsste ein solcher Staat um seiner inneren Stabilität willen in seiner Innen- und Sicherheitspolitik, in seiner Wirtschaftspolitik und in seiner internationalen Politik Strukturen entwickeln, die mit den neo-salafistischen Idealen nicht mehr in Übereinstimmung zu bringen wären. Dann gäbe es in der Region des Nahen und Mittleren Ostens einen weiteren autoritären Staat, der sich auf eine Ideologie stützt, die dann mehr und mehr zu einer Fassade wird. Um eine solche Fassade aber aufrechterhalten zu können, würde dieser ›Islamische Staat‹ wiederum radikale Islamisten finanziell und ideell unterstützen, so wie dies Finanziers vor allem von der Arabischen Halbinsel mit den Vorgängern des IS und anderen Gruppen radikaler Islamisten getan haben und weiter tun.

Zur Etablierung eines ›Islamischen Staates‹ in den heute vom IS gehaltenen Gebieten im Nordirak und im nordöstlichen Syrien wird es vor allem dann nicht kommen, wenn es der irakischen Zentralregierung gelingt, eine Politik zu entwickeln, von der sich Schiiten, Sunniten und Kurden nicht benachteiligt fühlen. Auf jeden Fall müssten die irakischen Sunniten für einen Zentralstaat Irak gewonnen werden. Dann würde es der Führung des IS sehr schwer fallen, ihre Herrschaft im Nordirak aufrechtzuerhalten. Verlöre sie dort die Kontrolle, würde eine solche Entwicklung sich auch negativ auf ihre Position in Syrien auswirken. Ob die schiitischen Politiker im Irak aber bereit sind, die Sunniten ernsthaft an der Macht und an den politischen und wirtschaftlichen Entscheidungen zu beteiligen, ist leider fraglich. Eine Befriedung der Situation in Syrien ist, realistisch betrachtet, wohl nur in einer Kooperation der drei Weltmächte USA, Russland und China zu erreichen. Bisher sind die drei Staaten aber noch nicht zu einer Zusammenarbeit in der Lage. So wird sich die Situation in Syrien nicht verändern und dem IS immer noch ein Aktionsfeld bieten.

Radikal-islamische und terroristische Aktivitäten sind ein internationales Phänomen. Sie konzentrieren sich jedoch auf die islamische Welt. Die überwiegende Zahl der Opfer von Attentaten sind Muslime. Muslimische Staaten mit starken Zentralregierungen sind am ehesten in der Lage, ihre Bevölkerung vor solchen Angriffen zu schützen. Umgekehrt sind die Menschen in Staaten mit einer schwachen Zentralregierung oder in zusammengebrochenen staatlichen Strukturen wie in Libyen, Somalia oder Mali besonders gefährdet. Staaten, deren direkter Einfluss nicht in alle Regionen des Staatsgebietes reicht, vermeiden häufig die direkte Konfrontation mit den radikalen Muslimen. Als Beispiel sei auf zwei weit auseinanderliegende Regionen wie Nigeria und die Philippinen hingewiesen. Die beiden Gruppen Boko

Haram in Nigeria und Abu Sayyaf auf den Philippinen können nur deshalb so erfolgreich operieren, weil die jeweiligen Zentralregierungen kein Interesse an einer konsequenten Verfolgung der Gruppen haben. Es liegt ihnen vielleicht auch daran, zur Aufrechterhaltung ihrer Herrschaft für eine kontinuierliche Präsenz der radikal-islamischen Gruppen zu sorgen. Auf diese Weise sind sie in der Lage, die mangelnde Beilegung politischer und vor allem sozialer Konflikte mit dem Hinweis auf den notwendigen Kampf gegen die muslimischen Radikalen zu entschuldigen. Zumindest auf den Philippinen ist der Unterschied zwischen den Organisationen des radikalen Islams und Mafia-Gruppen nicht immer leicht festzustellen. Einerseits haben die philippinischen Zentralregierungen seit dem Zweiten Weltkrieg nie ein gedeihliches Verhältnis zur muslimischen Bevölkerung auf Mindanao und einigen kleineren Inseln entwickelt. Andererseits hat das benachbarte Malaysia sich für die muslimischen Brüder in der Nachbarschaft nur selten eingesetzt. Die Spannungen haben zu separatistischen Bewegungen und den sogenannten Moro-Aufständen geführt. Trotz längerer Phasen friedlicher Koexistenz kommt es immer wieder zu Unruhen und Entführungen. Sie sind weitgehend lokaler Natur.

Ein wenig anders verhält es sich im Falle von Boko Haram in Nigeria. Der Norden des Landes ist im Unterschied zum Süden muslimisch. Seit dem Beginn des 19. Jahrhunderts hat es unter dem Gelehrten Usman dan Fodio (1754–1817), dem späteren Herrscher des Sokoto-Kalifats, der zur Ethnie der Fulbe gehörte, eine Tradition der Ausbreitung des Islams mit Waffengewalt gegeben. Schlussend-

221

lich handelte es sich um einen ethnischen Konflikt mit den muslimischen Hausa, einem Händlervolk, das bis zum Ende des 20. Jahrhunderts den Fernhandel durch ganz Westafrika kontrollierte. Usman dan Fodio gehörte nicht zu den Bewohnern der sieben muslimischen Hausa-Staaten, die ihren Islam in einer Symbiose mit traditionellen religiösen Riten praktizierten. Die Konflikte zwischen den nomadisierenden Fulbe und den sesshaften Hausa waren unausweichlich. Sie wurden jedoch unter religiösen Aspekten ausgetragen. Auch hier wurde die Religion in einem Kampf zwischen sesshaften Händlern und Nomaden instrumentalisiert. Usman dan Fodio gelang es schließlich ein Kalifat mit der Hauptstadt Sokoto in Nordnigeria zu gründen, das bis nach Nordkamerun hineinreichte. Die Informationen über die aktuelle Gruppe Boko Haram sind nicht so aussagekräftig, dass behauptet werden kann, dass sie sich in dieser Tradition verorten. Auf der anderen Seite ist bekannt, dass sich seit den 1980er Jahren vor allem in den nordnigerianischen Großstädten Kano, Maiduguri, Kaduna und Yola radikale Muslime zusammengefunden und immer wieder zu Aufständen aufgerufen haben. In den 1980er Jahren war aber nicht zu erkennen, ob es sich um primär religiöse oder um soziale Konflikte handelte. Wie in anderen westafrikanischen Staaten spielt daneben auch der ständige Konflikt zwischen ›Nordisten‹ und ›Südisten‹ eine Rolle. Wie in Mali besteht auch hier eine Kombination aus sozialen, ethnischen und politischen Faktoren, die durch die Instrumentalisierung religiöser Momente zu einer problematischen Mischung verschmolzen ist. Wie im Fall der philippinischen Abu-Sayyaf-Bewegung lässt sich inzwischen eine klare Linie zwischen politischen, religiösen und kriminellen Aspekten nicht immer leicht ziehen.

Grundsätzlich gilt, was als zentrale Lehre aus den Ereignissen vom 11. 9. 2001 gezogen werden konnte, für den islamistischen Terrorismus weiterhin. Der „neue Terrorismus" operiert weltweit. Globalisierung bedeutet auch die Globalisierung der Probleme. Mit diesem Faktum werden wir umgehen müssen. Die reichen Nationen müssen Konsequenzen aus der Einsicht ziehen, dass es ökonomischer ist, in die Verringerung des Elends und die Beilegung von Konflikten zu investieren, als sich mit immensem Aufwand gegen Attentate zu schützen. Es geht um Politik in einem umfassenden Sinn, nicht nur um Sicherheitspolitik.

In den kommenden Jahren wird es aber auch verstärkt darum gehen, ob die muslimischen Gelehrten Konzepte entwickeln und durchsetzen können, die den Neo-Salafismus als eine allzu einfache Form islamischer Lehre erkennbar machen. Dafür muss eine neue Generation von Theologen und Rechtsgelehrten den Reichtum islamischer Traditionen und islamischen Wissens inhaltlich so aufbereiten, dass die jungen Muslime, die heute häufig die Hälfte der Bevölkerung eines Staates in der islamischen Welt ausmachen, sich angesprochen fühlen und in ihren besonderen Situationen wiederfinden. Diese Darstellung der inhaltlichen Weite und der gedanklichen Möglichkeiten des Islams muss aber auch in einer Form verbreitet werden, dass sie jungen Muslimen annehmbar erscheint. Einige wenige Beispiele dafür gibt es. Es ist vor allem die Aufgabe der muslimischen religiösen und politischen Eliten, dafür zu sorgen, dass dies keine Einzelbeispiele bleiben.